| | |
|---|---|
| school - isikole | 2 |
| reis - ukuhamba | 5 |
| transport - izinto zokuhamba | 8 |
| stad - idolobha | 10 |
| landschap - ingadi | 14 |
| restaurant - isitolo sokudlela | 17 |
| supermarkt - emakethe enkulu | 20 |
| dranken - iziphuzo | 22 |
| eten - ukudla | 23 |
| boerderij - ifamu | 27 |
| huis - indlu | 31 |
| woonkamer - igumbi lokuhlala | 33 |
| keuken - ikhishi | 35 |
| badkamer - igumbi lokugeza | 38 |
| kinderkamer - igumbi lezingane | 42 |
| kleding - izimpahla | 44 |
| kantoor - i-ofisi | 49 |
| economie - umnotho | 51 |
| beroepen - imisebenzi | 53 |
| gereedschap - amathuluzi | 56 |
| muziekinstrumenten - izinsimbi zomculo | 57 |
| dierentuin - esiqiwini | 59 |
| sport - imidlalo | 62 |
| activiteiten - imisebenzi | 63 |
| familie - umndeni | 67 |
| lichaam - umzimba | 68 |
| ziekenhuis - isibhedlela | 72 |
| noodgeval - izimo eziphuthumayo | 76 |
| aarde - Umhlaba | 77 |
| klok - iwashi | 79 |
| week - iviki | 80 |
| jaar - unyaka | 81 |
| vormen - amasheyphu | 83 |
| kleuren - imibala | 84 |
| tegenstellingen - izinto ezingafani | 85 |
| getallen - izinombolo | 88 |
| talen - izilimi | 90 |
| wie / wat / hoe - ubani / ini / kanjani | 91 |
| waar - kuphi | 92 |

Impressum
Verlag: BABADADA GmbH, Nedderfeld 112 , 22529 Hamburg
Geschäftsführer / Verlagsleitung: Harald Hof
Druck: Books on Demand GmbH, In de Tarpen 42, 22848 Norderstedt

Imprint
Publisher: BABADADA GmbH, Nedderfeld 112 , 22529 Hamburg, Germany
Managing Director / Publishing direction: Harald Hof
Print: Books on Demand GmbH, In de Tarpen 42, 22848 Norderstedt

# school
## isikole

Labels in illustration:
- delen / divayda
- bord / ibhodi
- klaslokaal / ikilasi
- schoolplein / igceke lesikole
- leraar / uthisha
- papier / iphepha
- pen / ipeni
- schrijven / bhala
- bureau / ideski
- lineaal / irula
- boek / incwadi
- leerling / umuntu

schooltas
isikhwama

etui
isikwama sepeni

potlood
ipensela

puntenslijper
umshini wokulola

gum
irabha

schetsblok
indawo yokudweba

tekening
ukudweba

penseel
ibrashi lokupenda

verfdoos
ibhokisi lokupenda

schaar
isikelo

lijm
inomfi

schrift
incwadi yesikole

huiswerk
umsebenzi wasekhaya

getal
inamba

optellen
hlanganisa

aftrekken
susa

vermenigvuldigen
phindaphinda

rekenen
bala

letter
incwadi

alfabet
izinhlamvu zamagama

woord
igama

school - isikole

| | | |
|---|---|---|
|  |  |  |
| tekst<br>umbhalo | lezen<br>funda | krijt<br>ushoki |
|  |  |  |
| les<br>isifundo | klassenboek<br>bhalisa | examen<br>isivivinyo |
|  |  |  |
| diploma<br>isitifiketi | schooluniform<br>iyunifomu yesikole | opleiding<br>imfundo |
|  |  |  |
| encyclopedie<br>i-encyclopedia | universiteit<br>inyuvesi | microscoop<br>isibonakhulu |
| 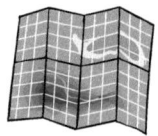 |  | |
| kaart<br>ibalazwe | prullenmand<br>ibhaskidi yokulahla amaphepha | |

school - isikole

# reis
# ukuhamba

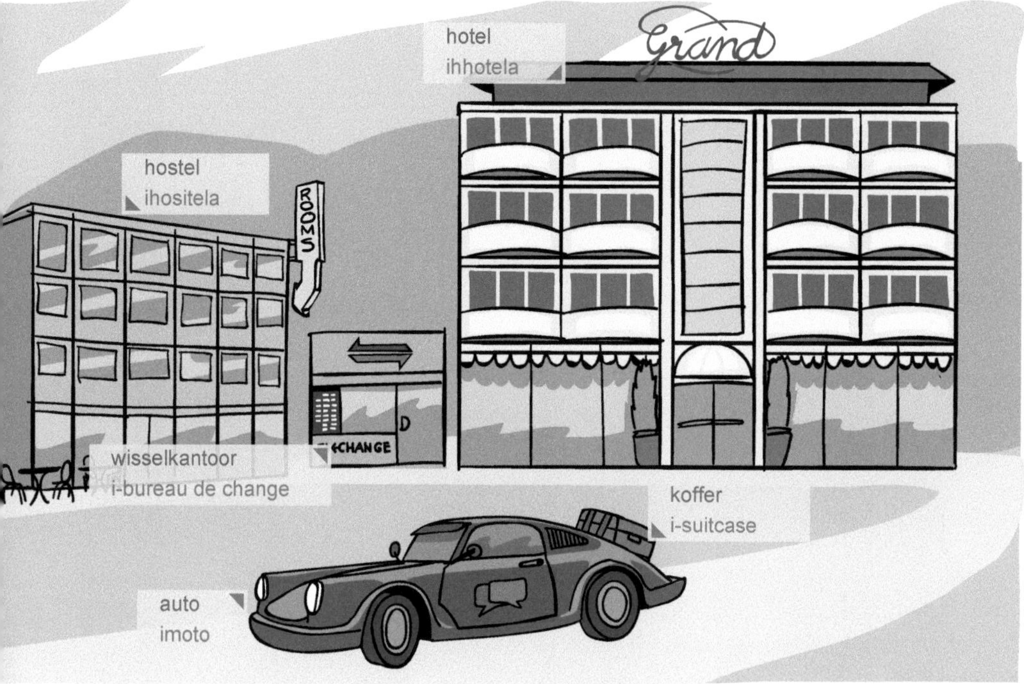

hotel
ihhotela
Grand
hostel
ihositela
ROOMS
wisselkantoor
i-bureau de change
EXCHANGE
koffer
i-suitcase
auto
imoto

taal
ulimi

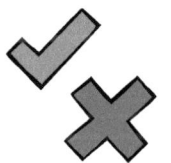

ja / nee
yebo / cha

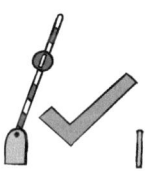

oké
kulungile

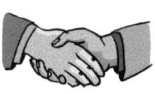

Hallo!
sawubona

tolk
umhumushi

Bedankt.
Ngiyabonga

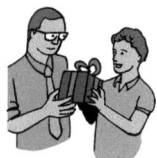

Wat kost ...?
iyimalini i...?

Ik begrijp het niet.
angiqondi

probleem
inkinga

Goedenavond!
Intambama enhle!

Goedemorgen!
Sawubona!

Goedenacht!
Ulale kahle!

Tot ziens!
bye bye

richting
isiqondiso

bagage
izikhwama

tas
isikhwama

rugzak
ubhakha

gast
isivakashi

kamer
igumbi

slaapzak
isikhwama sokulala

tent
ithende

reis - ukuhamba

VVV-kantoor
imininingwane yamathoristi

strand
ulwandle

creditkaart
ikhadi lesikweletu

ontbijt
ukudla kwasekuseni

lunch
ukudla kwasemini

diner
ukudla kwasebusuku

kaartje
ithikithi

lift
i-lift

postzegel
isitembu

grens
ibhoda

douane
amasiko

ambassade
inxusa

visum
ivisa

paspoort
iphasiphothi

reis - ukuhamba

# transport
## izinto zokuhamba

vliegtuig / indiza

schip / iskebhe

brandweerwagen / injini yomlilo

bus / ibhasi

vrachtauto / iloli

motorboot / isikebhe senjini

fiets / isithuthuthu

auto / imoto

veerboot
isikebhe

boot
isikebhe

motorfiets
isithuthuthu

politiewagen
imoto yamaphoyisa

raceauto
imoto ejahayo

huurauto
imoto eqashiwe

transport - izinto zokuhamba

carsharing
ukurenta imoto

takelwagen
iloli eliphukile

vuilniswagen
ithrakhi

motor
injini

benzine
amafutha

benzinepomp
indawo yokuthela uphethiloli

verkeersbord
uphawu lwethrafikhi

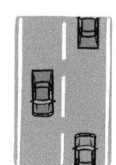

verkeer
ithrafikhi

file
ithrafikhi enkulu

parkeerplaats
indawo yokupaka izimoto

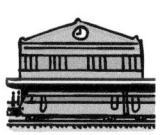

station
isitashi sesitimela

rails
amaloli

trein
isitimela

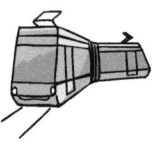

tram
ithilamu

wagon
inqola

transport - izinto zokuhamba

helikopter
ihelikhoptha

luchthaven
isikhungo sezindiza

toren
umphongolo

passagier
iphasenja

container
ikhonteyna

verhuisdoos
ikhathoni

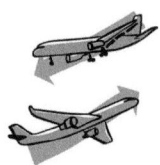

kar
inqola

mand
ubhasikidi

opstijgen / landen
ukusuka / ukwehla

## stad
## idolobha

dorp
isigodi

stadscentrum
i-city centre

huis
indlu

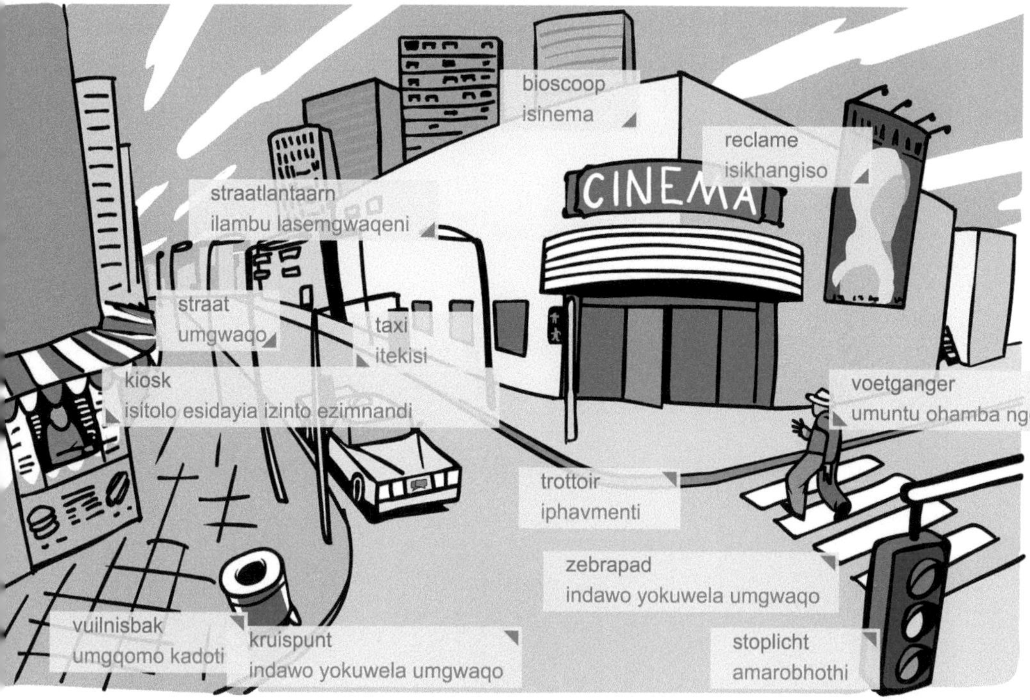

bioscoop
isinema

reclame
isikhangiso

straatlantaarn
ilambu lasemgwaqeni

straat
umgwaqo

taxi
itekisi

kiosk
isitolo esidayia izinto ezimnandi

voetganger
umuntu ohamba nge

trottoir
iphavmenti

zebrapad
indawo yokuwela umgwaqo

vuilnisbak
umgqomo kadoti

kruispunt
indawo yokuwela umgwaqo

stoplicht
amarobhothi

hut
indlu yodaka

appartement
i-flat

station
isitashi sesitimela

stadhuis
i-town hall

museum
imuzilemu

school
isikole

stad - idolobha

universiteit
inyuvesi

bank
ibhange

ziekenhuis
isibhedlela

hotel
ihhotela

apotheek
ikhemisi

kantoor
i-ofisi

boekenwinkel
isitolo sezincwadi

winkel
esitolo

bloemenwinkel
istolo sezimbali

supermarkt
emakethe enkulu

markt
imakethe

warenhuis
isitolo somnyango

visboer
i-fishmonger's

winkelcentrum
isikhungo sezitolo

haven
isikhungo semikhumbi

stad - idolobha

park
ipaki

bank
ibhentshi

brug
ibhuloho

trap
izitezi

metro
ngaphansi komhlaba

tunnel
umhubhe

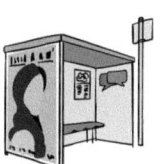

bushalte
istobhu sebhasi

bar
i-bar

restaurant
isitolo sokudlela

brievenbus
eposini

straatnaambord
uphawu lwasemgwaqeni

parkeermeter
umshini wokukhokhela ukupaka

dierentuin
esiqiwini

zwembad
indawo yokubhukuda

moskee
i-mosque

stad - idolobha

boerderij　　　　　vervuiling　　　　　begraafplaats
ifamu　　　　　　　ukungcola　　　　　amagcwaba

kerk　　　　　　　speelplaats　　　　　tempel
isonto　　　　　igrawundi lokudlala　　　ithempeli

## landschap
## ingadi

- blad — icembe
- wegwijzer — mpambano mgwaqo
- weg — indlela
- weide — idlelo
- steen — itshe
- boom — isihlahla
- wandelaar — umqwali wezintaba
- rivier — umfula
- gras — utshani
- bloem — imbali

14　　　　landschap - ingadi

| | | |
|---|---|---|
|  vallei<br>isigodi |  berg<br>intaba |  meer<br>ichibi |
|  bos<br>ihlathi | 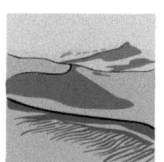 woestijn<br>ogwadule |  vulkaan<br>intaba mlilo |
|  kasteel<br>isigodlo |  regenboog<br>uthingo |  paddenstoel<br>ikhowe |
|  palmboom<br>isihlahla sesundu |  mug<br>umiyane |  vlieg<br>ukundiza |
|  mier<br>intuthwane |  bij<br>inyosi |  spin<br>isicabucabu |

landschap - ingadi

kever
ibhungane

kikker
ixoxo

eekhoorn
i-squirrel

egel
i-hedgehog

haas
unogwaja

uil
isikhova

vogel
izinyoni

zwaan
idada

wild zwijn
intibane

hert
inyamazane

eland
i-moose

stuwdam
idamu

windmolen
i-wind turbine

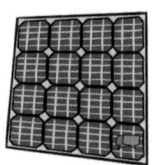

zonnepaneel
i-solar panel

klimaat
isimo sezulu

# restaurant
## isitolo sokudlela

- ober / uweyita
- menu / imenu
- stoel / isihlalo
- soep / isobho
- pizza / i-pizza
- bestek / ikhathilari
- tafelkleed / indwangu yasetafuleni

voorgerecht
ukudla okulula

hoofdgerecht
isidlo

toetje
idizethi

dranken
iziphuzo

eten
ukudla

fles
ibhodlela

fastfood
ukudla okulula

eetkraampje
ukudla okudayiswa emgwaqeni

theepot
ithiphothi

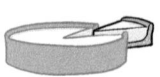

suikerpot
isitsha sikashukela

portie
ingxenye

espressomachine
umshini we-ekspreso

kinderstoel
isitulo esiphezulu

rekening
izindleko

dienblad
ithreyi

mes
ummese

vork
imfologo

lepel
ispuni

theelepel
ithispuni

servet
indawo yokusula umlomo

glas
igilasi

restaurant - isitolo sokudlela

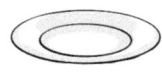

bord
ipuleti

soepbord
ipuleti lesobho

schotel
isoso

saus
isosi

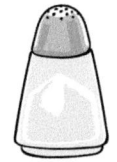

zoutvaatje
isitsha sasawoti

pepermolen
isitsha sephepha

azijn
uviniga

olie
amafutha

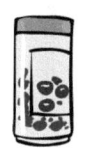

kruiden
izinongo

ketchup
isosi yetamatisi

mosterd
isosi yesinaphi

mayonaise
imayonesi

# supermarkt
# emakethe enkulu

aanbieding
amanani akhethekile

klant
ikhasimende

zuivelproducten
ukudla okwenziwe ngobisi

fruit
isithelo

winkelwagen
ithroli

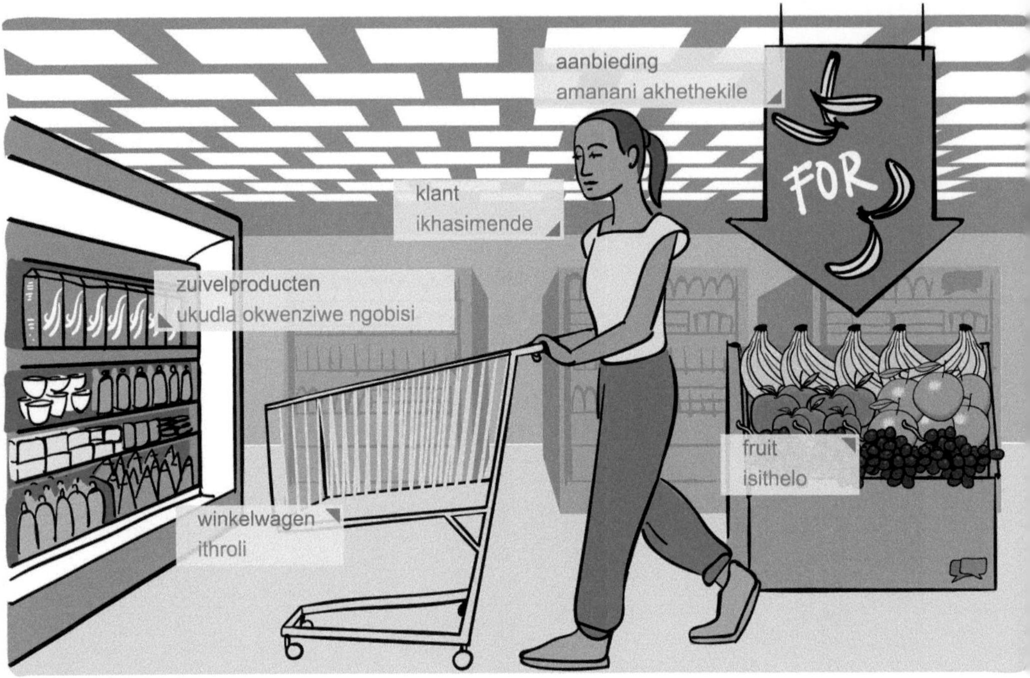

slager
ebhusha

bakkerij
isitolo esidayisa isinkwa

wegen
kala

groente
amaveji

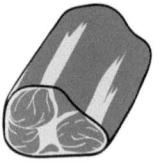

vlees
inyama

diepvriesproducten
ukudla okubandayo

supermarkt - emakethe enkulu

vleeswaren
inyama ebandayo

conserven
ukudla okusethinini

wasmiddel
insipho yokuwasha enguphawuda

snoepgoed
oswidi

huishoudelijke artikelen
izinto zasendlini

schoonmaakmiddel
izinto zokuhlanza

verkoopster
umuntu odayisayo

kassa
ithili

kassier
umbali wemali

boodschappenlijstje
izinto okumelwe zithengwe

openingstijden
amahora okuvula

portefeuille
uwolethi

creditkaart
ikhadi lesikweletu

tas
isikhwama

plastic zak
isikwama sepulastiki

supermarkt - emakethe enkulu

# dranken
# iziphuzo

water
amanzi

sap
ijusi

melk
ubisi

cola
i-coke

wijn
iwayini

bier
ubhiya

alcohol
utshwala

chocolademelk
i-cocoa

thee
itiye

koffie
ikhofi

espresso
i-ekspreso

cappuccino
ikhaphachino

# eten
# ukudla

banaan

ubhanana

appel

i-apula

sinaasappel

i-olintshi

watermeloen

ikhabe

citroen

ulamula

wortel

ukherothi

knoflook

ugaligi

bamboe

umhlanga

ui

u-anyanisi

paddenstoel

ikhowe

noten

amakinati

pasta

ama-noodle

eten - ukudla

spaghetti — isipagethi

rijst — iraysi

salade — isaladi

friet — ama-chips

gebakken aardappelen — amazambane athosiwe

pizza — i-pizza

hamburger — ibhega

sandwich — isendiwichi

schnitzel — inyama engenathambo

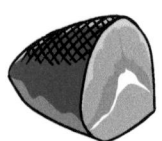

ham — ham

salami — salami

worst — isoseji

kip — inkukhu

gebraad — yosiwe

vis — inhlanzi

eten - ukudla

havermout | muesli | cornflakes
iphalishi le-oats | i-muesli | ama-cornflakes

meel | croissant | broodjes
uflulawa | i-croissant | isinkwa esiyiroli

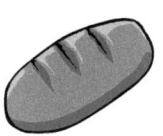

brood | toast | koekjes
isinkwa | i-toast | amabhiskidi

boter | kwark | taart
ibhotela | i-curd | ikhekhe

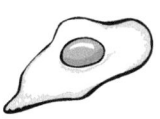
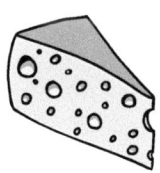

ei | gebakken ei | kaas
iqanda | iqanda elithosiwe | ushizi

eten - ukudla

| ijs | suiker | honing |
| --- | --- | --- |
| i-ice cream | ushukela | uju |

| jam | chocoladepasta | kerrie |
| --- | --- | --- |
| ujamu | ispredi sikashokholedi | isitshulu |

# boerderij
## ifamu

boerderij / indlu yasemafamu
schuur / i-barn
hooibaal / utshani obomile
veld / igceke
paard / ihhashi
aanhangwagen / i-trailer
veulen / i-foal
tractor / ugandaganda
ezel / imbongolo
lam / imvu esencane
schaap / imvu

geit
imbuzi

koe
inkomo

kalf
ithole

varken
ingulube

big
ingulube esencane

stier
inkunzi

gans
ihansi

eend
idada

kuiken
ichwane

kip
isikhukhukazi

haan
iqhude

rat
igundwane

kat
ikati

muis
igundwane

os
inkabi

hond
inja

hondenhok
indlu yenja

tuinslang
ipayipi lokunisela

gieter
ikani lokunisela

zeis
ucelemba

ploeg
igeja

boerderij - ifamu

sikkel
isikela

schoffel
ukhuba

hooivork
imfoloko

bijl
imbazo

kruiwagen
ibhala

trog
umkhombe

melkbus
ubusi olusekanini

zak
isaka

hek
ifensi

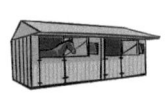
stal
esitebhilini

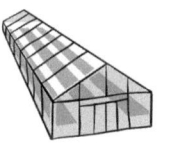
broeikas
i-greenhouse

grond
inhlabathi

zaad
imbewu

mest
umanyolo

maaidorser
ukuvuna okuhlanganisiwe

boerderij - ifamu

oogsten
vuna

oogst
isivuno

yam
ama-yam

tarwe
ukolweni

soja
umbhontshisi

aardappel
amazambane

maïs
ummbila

koolzaad
i-rapeseed

fruitboom
isihlahla sezithelo

maniok
umdumbula

granen
amasiriyeli

boerderij - ifamu

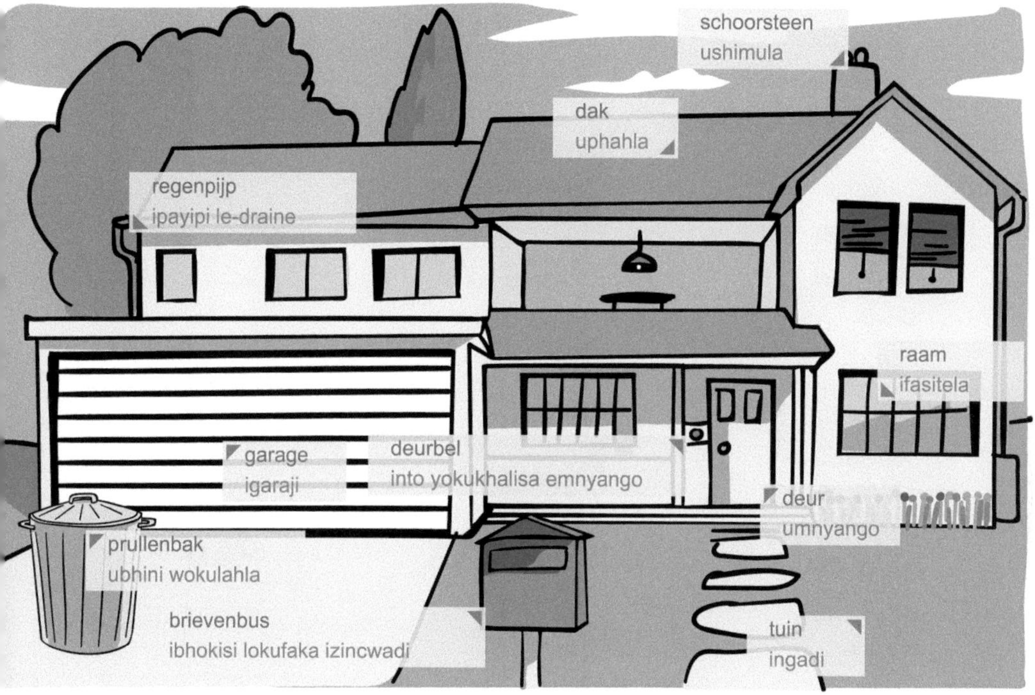

# huis
## indlu

schoorsteen
ushimula

dak
uphahla

regenpijp
ipayipi le-draine

raam
ifasitela

garage
igaraji

deurbel
into yokukhalisa emnyango

deur
umnyango

prullenbak
ubhini wokulahla

brievenbus
ibhokisi lokufaka izincwadi

tuin
ingadi

woonkamer
igumbi lokuhlala

badkamer
igumbi lokugeza

keuken
ikhishi

slaapkamer
igumbi lokulala

kinderkamer
igumbi lezingane

eetkamer
igumbi lokudlela

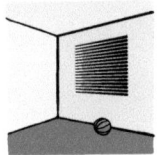
vloer
phansi

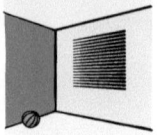
muur
udonga

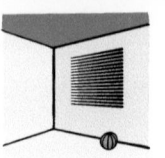
plafond
usilingi

kelder
i-cella

sauna
i-sauna

balkon
ibhalconi

terras
i-terrace

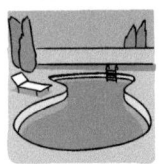
zwembad
iphuli

grasmaaier
umshin wokugunda utshani

laken
ishidi

bedsprei
ingubo yokulala

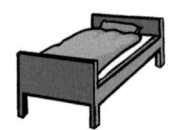
bed
umbhede

bezem
umshanelo

emmer
ibhakede

schakelaar
i-switch

# woonkamer
## igumbi lokuhlala

- behang / i-wallpaper
- foto / isithombe
- lamp / ilambu
- plank / ishalofu
- kast / ibhodi lenkomishi
- open haard / indawo yomlilo
- televisie / umabonakude
- bloem / imbali
- kussen / ikhushini
- vaas / ivasi
- bankstel / usofa
- afstandsbediening / i-remote control

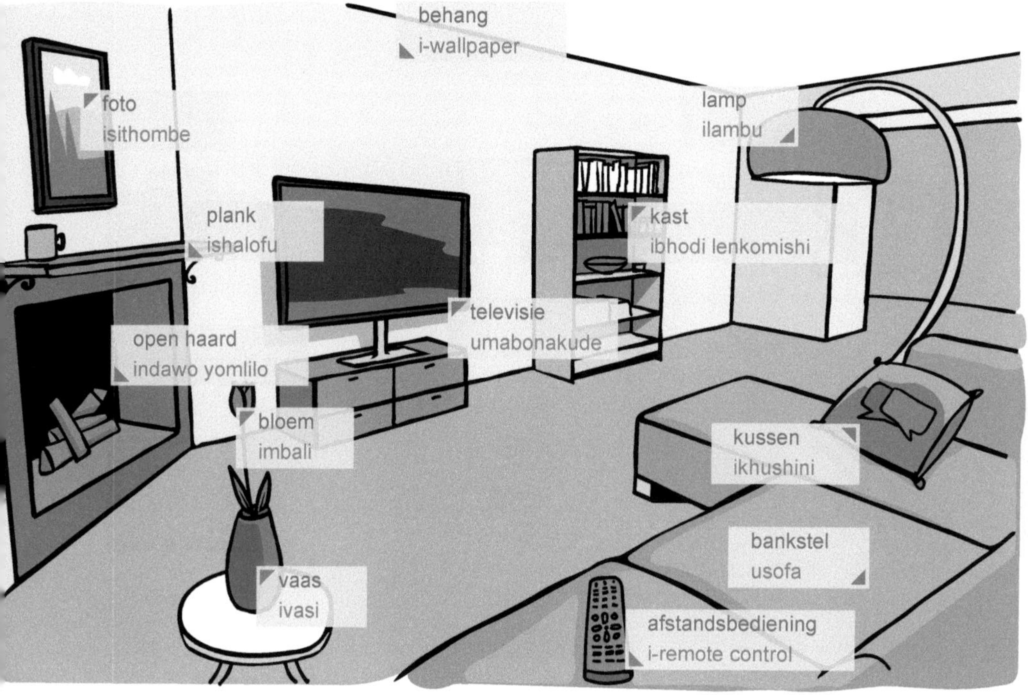

tapijt
ukhaphethe

gordijn
ikhethini

tafel
itafula

stoel
isihlalo

schommelstoel
isihlalo esinyakazayo

stoel
isihlalo esingangengalo

woonkamer - igumbi lokuhlala

boek
incwadi

deken
ingubo

decoratie
ukuhlobisa

brandhout
izinkuni zokubasa

film
ifilimu

stereo-installatie
izinto ze-hi-fi

sleutel
ukhiye

krant
iphephandaba

schilderij
ukupenda

poster
iphosta

radio
umsakazo

kladblok
i-notepad

stofzuiger
ihuva

cactus
i-cactus

kaars
ikhandlela

woonkamer - igumbi lokuhlala

# keuken
# ikhishi

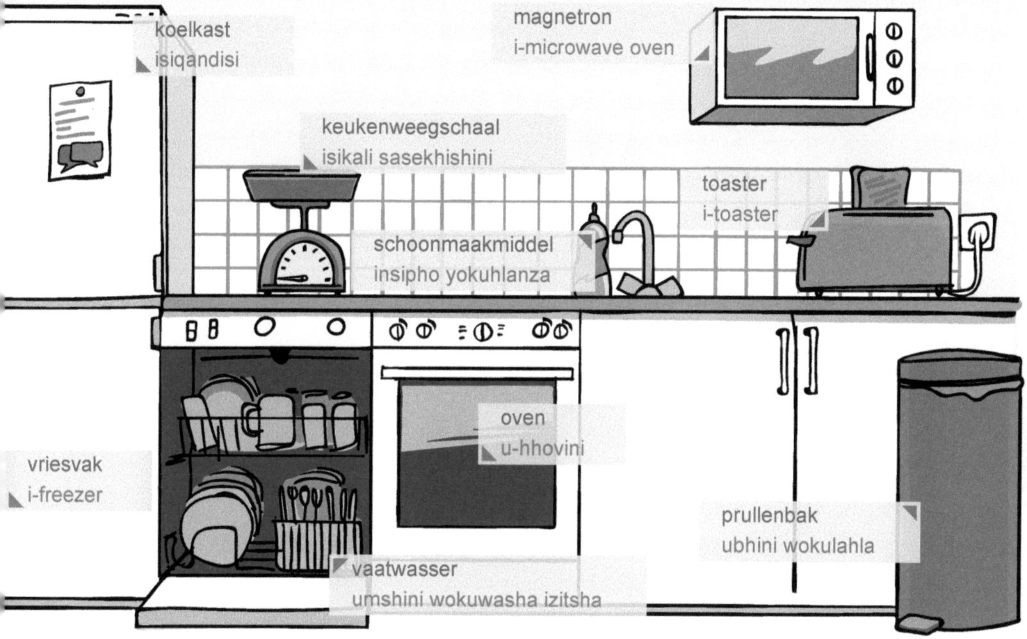

koelkast
isiqandisi

magnetron
i-microwave oven

keukenweegschaal
isikali sasekhishini

toaster
i-toaster

schoonmaakmiddel
insipho yokuhlanza

oven
u-hhovini

vriesvak
i-freezer

prullenbak
ubhini wokulahla

vaatwasser
umshini wokuwasha izitsha

fornuis
umshini wokupheka

pan
ibhodwe

gietijzeren pan
ibhodwe le-cast iron

wok / kadai
i-wok / kadai

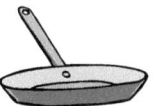

koekenpan
ipani

ketel
iketela

keuken - ikhishi

stoomkoker
i-steamer

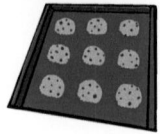

bakplaat
ithreyi lokubhaka

servies
izitsha zokudla

beker
imaki

kom
isitsha

eetstokjes
izinti zendwangu

soeplepel
isixembe sokuphaka

spatel
ispathula

garde
i-whisk

vergiet
i-strainer

zeef
isisefo

rasp
igretha

vijzel
isitsha sodaka

barbecue
i-barbecue

vuurhaard
umlilo

snijplank
ibhodi lokuqoba

deegroller
ipini lokurola

kurkentrekker
iskrew

blik
ikani

blikopener
into yokuvula ikani

pannenlap
indwangu yokubamba ibhodwe

wasbak
usinki

borstel
i-brush

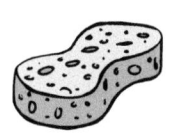

spons
isiponji

blender
ibhlenda

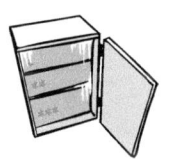

vriezer
i-deep freezer

babyflesje
ibhodlela lengane

kraan
umpompi

keuken - ikhishi

# badkamer
# igumbi lokugeza

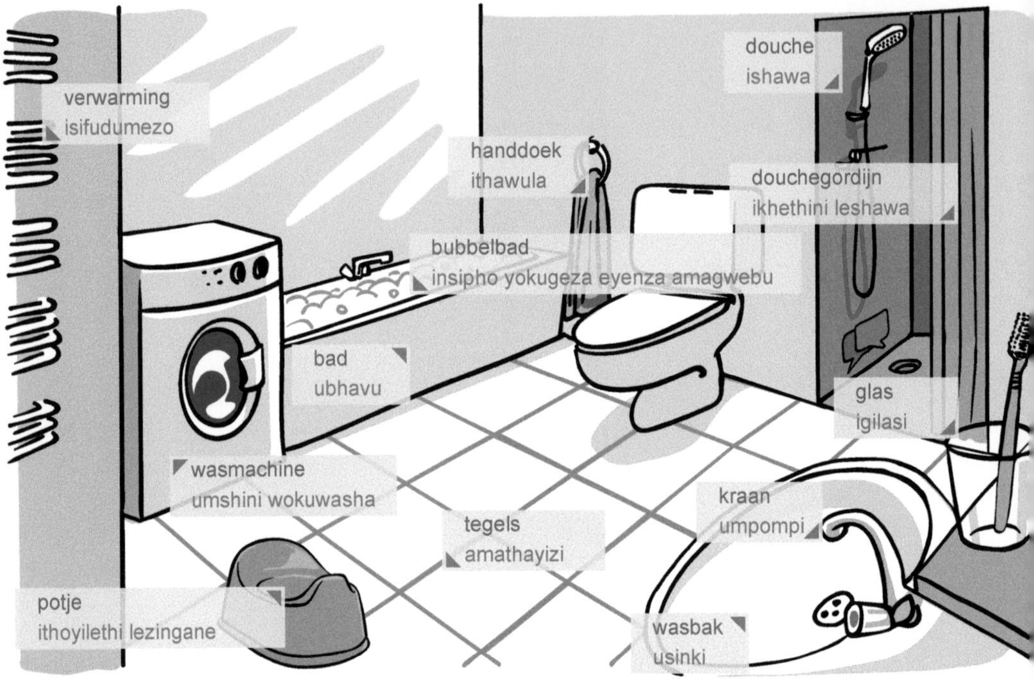

- verwarming / isifudumezo
- douche / ishawa
- handdoek / ithawula
- douchegordijn / ikhethini leshawa
- bubbelbad / insipho yokugeza eyenza amagwebu
- bad / ubhavu
- glas / igilasi
- wasmachine / umshini wokuwasha
- tegels / amathayizi
- kraan / umpompi
- potje / ithoyilethi lezingane
- wasbak / usinki

toilet
ithoyilethi

hurktoilet
ithoyilethi oqoshama kuyo

bidet
ithoyilethi le-bidet

urinoir
ithoyilethi lokuchama labesilisa

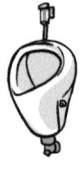

toiletpapier
iphepha lasethoyilethi

toiletborstel
ibhrashi lasethoyilethi

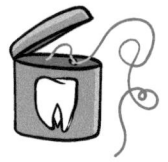

tandenborstel
ibhrashi lamazinyo

tandpasta
insipho yamazinyo

flosdraad
into yokuvungula

wassen
washa

handdouche
ishawa ebanjwa ngesandla

toiletdouche
uchatho

waskom
u-basini

rugborstel
ibrashi lomhlane

zeep
insipho

douchegel
ijeli yeshawa

shampoo
ishampu

washanje
ishethi lesikoshi

afvoer
i-drain

creme
ukhilimu

deodorant
into yokugcoba amakhwapha

badkamer - igumbi lokugeza

spiegel
isibuko

make-upspiegel
isibuko esiphathwa ngesandla

scheermes
ireyza

scheerschuim
igwebu lokushefa

aftershave
umuthi ogcotshwa ngemva kokushefa

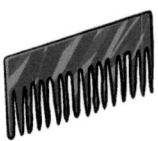

kam
ikama

borstel
ibhrashi

haardroger
into yokomisa izinwele

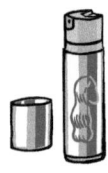

haarspray
ispreyi sezinwele

make-up
i-makeup

lippenstift
into yokugcoba umlomo

nagellak
into yokususa upende wezinzipho

watten
uwuli kakotini

nagelschaartje
isikelo sezinzipho

parfum
isigqolo

badkamer - igumbi lokugeza

toilettas

isikhwama sezinto zokugeza

kruk

isitulo

weegschaal

isikali

badjas

ingubo yokugeza

rubber handschoenen

amagilavu erabha

tampon

ithemponi

maandverband

iphedi yasesikhathini

chemisch toilet

ithoyilethi lekhemikhali

badkamer - igumbi lokugeza

# kinderkamer
## igumbi lezingane

**wekker** — i-alamu yewashi elichonywayo
**knuffeldier** — ithoyizi lokudlala
**speelgoedauto** — imoto eyithoyizi
**rammelaar** — i-rattle
**poppenhuis** — indlu kanodoli
**cadeau** — isiphongo

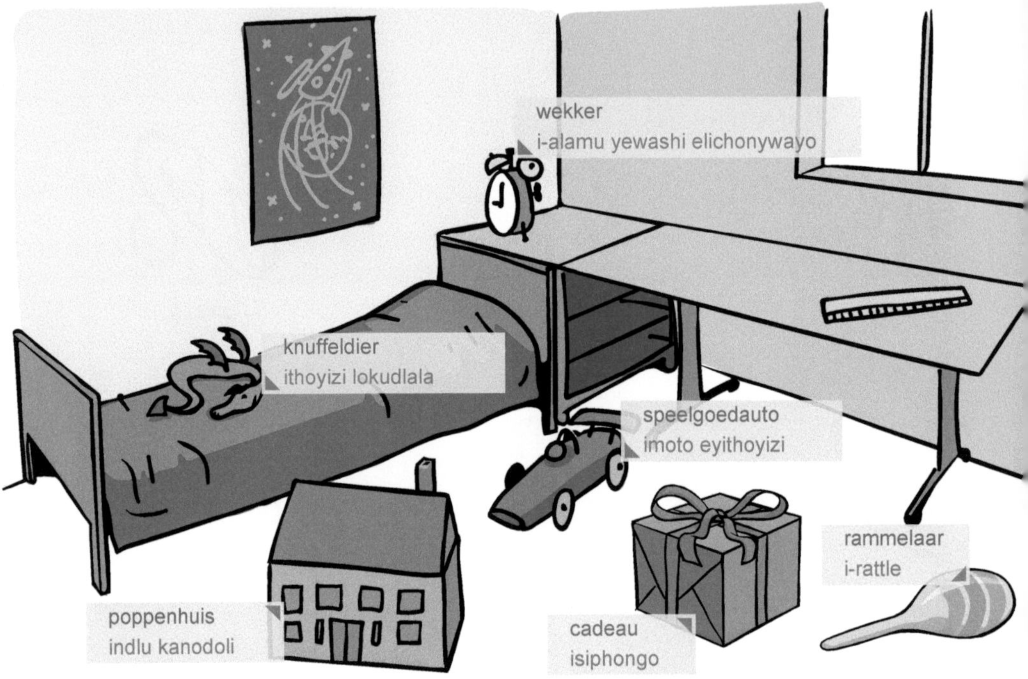

ballon
ibhaluni

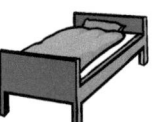

bed
umbhede

kinderwagen
iphremu

kaartspel
amakhadi

puzzel
i-jigsaw

stripverhaal
indaba edwetshiwe

kinderkamer - igumbi lezingane

legostenen
amabrick elego

speelgoedblokken
amabhuloksi okwakha

actiefiguurtje
unodoli weqhawe

romper
izimpahla zezingane

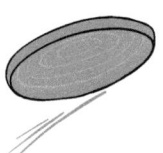

frisbee
i-frisbee

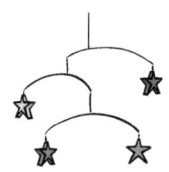

mobile
amathoyizi ezingane alengayo

bordspel
ibhodi lokudlala igemu

dobbelsteen
idayisi

modeltrein
isethi yesitimela

speen
idemu

feestje
iphathi

prentenboek
incwadi yezithombe

bal
ibhola

pop
unodoli

spelen
dlala

kinderkamer - igumbi lezingane

zandbak

umgodi wenhlabathi

schommel

uzwinki

speelgoed

amathoyizi

spelcomputer

umshini wamavidiyo geymu

driewieler

ibhayisikili elinemasondo amathathu

teddybeer

uthedibhe

kleerkast

u-wardrobe

# kleding
## izimpahla

sokken

amasokisi

kousen

amastokhingi

panty

amathayithi

sjaal
isikhafu

paraplu
i-amburela

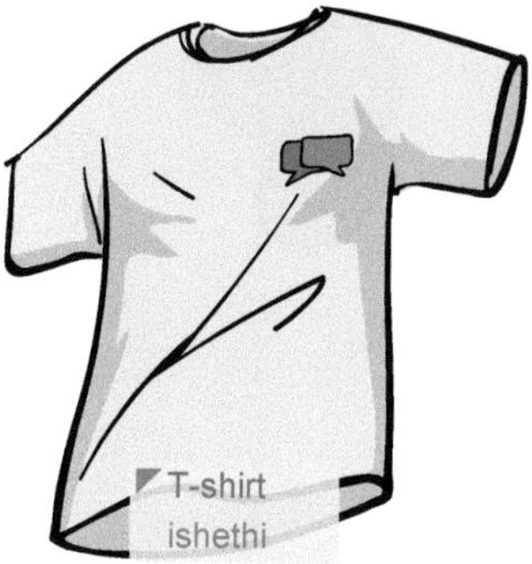

T-shirt
ishethi

riem
ibhande

laarzen
amabhuthi

pantoffels
izicathulo zokulala

sportschoenen
abaqeqeshi

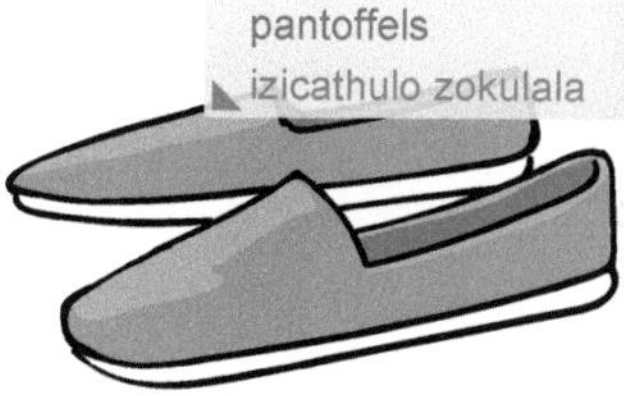

sandalen
amasandali

schoenen
izicathulo

rubberlaarzen
amabhuthi erabha

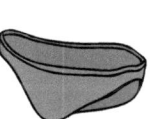
onderbroek
iphenti

beha
u-bra

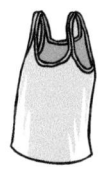
onderhemd
ivesti

kleding - izimpahla

body
umzimba

broek
amabhulukwe

spijkerbroek
amajini

rok
isiketi

blouse
isikibha

overhemd
ishethi

trui
ijezi elinezigqoko

hoody
i-hoodie

blazer
ibhuleyiza

jas
ijakhethi

mantel
ijazi

regenjas
i-raincoat

kostuum
ikhosyumu

jurk
ingubo

trouwjurk
ingubo yomshado

pak
isudu

nachthemd
ingubo yokulala

pyjama
amaphijama

sari
ingubo yesari

hoofddoek
isikhafu

tulband
isigqoko se-turban

boerka
ibhukha

kaftan
ingubo yekaftani

abaja
abaya

zwempak
impahla yokubhukuda

zwembroek
amathranki

korte broek
isikhindi

trainingspak
i-tracksuit

schort
ingubo yokupheka

handschoenen
amagilavu

kleding - izimpahla

knoop
ibhathini

bril
izibuko

armband
ibhengela

ketting
umgexo

ring
indandatho

oorbel
amacici

pet
ikepisi

kledinghanger
into yokuhenga ijazi

hoed
isigqoko

stropdas
uthayi

rits
uziphu

helm
ihelmethi

bretels
ama-braces

schooluniform
iyunifomu yesikole

uniform
iyunifomu

kleding - izimpahla

slabbetje
ibhayi lengane

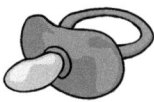
speen
idemu

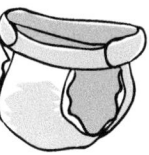
luier
inabukeni

# kantoor
# i-ofisi

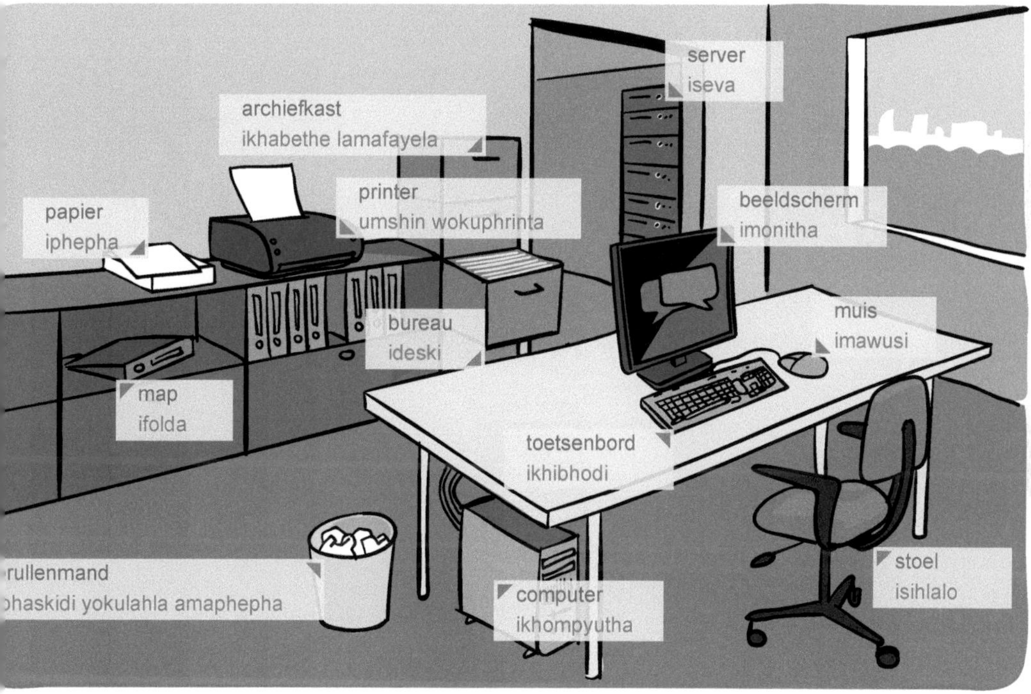

- server / iseva
- archiefkast / ikhabethe lamafayela
- printer / umshin wokuphrinta
- beeldscherm / imonitha
- papier / iphepha
- bureau / ideski
- muis / imawusi
- map / ifolda
- toetsenbord / ikhibhodi
- rullenmand / ihaskidi yokulahla amaphepha
- computer / ikhompyutha
- stoel / isihlalo

koffiemok
imagi yekhofi

rekenmachine
ikhalkhuletha

internet
i-inthanethi

kantoor - i-ofisi

laptop
ilephuthophu

brief
incwadi

bericht
umyalezo

mobiele telefoon
ifoni

netwerk
inethiwekhi

kopieermachine
ifothokhophi

software
i-software

telefoon
ucingo

stopcontact
indawo yokupulaka

fax
umshini wokufeksa

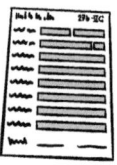
formulier
ifomu

document
idokhumenti

kantoor - i-ofisi

# economie
# umnotho

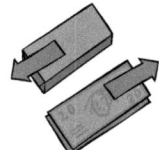
kopen
thenga

betalen
khokha

handel drijven
shintshana

geld
imali

dollar
idola

euro
i-euro

yen
iyen

roebel
i-rouble

Zwitserse frank
iSwiss franc

renminbi yuan
i-renminbi yuan

roepie
i-rupee

geldautomaat
umshini wokukhipha imali

wisselkantoor
i-bureau de change

goud
igolide

zilver
isiliva

olie
amafutha

energie
amandla

prijs
inani lemali

contract
ukuxhumana

belasting
intela

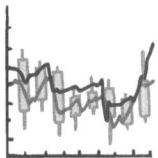
aandeel
isitokwe

werken
sebenza

werknemer
isisebenzi

werkgever
umqashi

fabriek
ifekthri

winkel
esitolo

economie - umnotho

# beroepen
## imisebenzi

**politieagent** / iphoyisa

**brandweerman** / indoda ecisha umlilo

**kok** / pheka

**dokter** / udokotela

**piloot** / umshayeli wezindiza

tuinman
umuntu onakekela ingadi

timmerman
umbazi

naaister
umthungi

rechter
ijaji

scheikundige
umuntu osebenza ekhemisi

toneelspeler
umlingisi

buschauffeur
umshayeli webhasi

taxichauffeur
umshayeli wetekisi

visser
indoda edoba izinhlanzi

schoonmaakster
owesifazane ohlanzayo

dakdekker
umuntu olungisa uphahla

ober
uweyita

jager
umzingeli

schilder
umuntu opendayo

bakker
umbhaki

elektricien
umuntu osebenza ngogesi

bouwvakker
umakhi

ingenieur
unjiniyela

slager
indawo edayisa inyama

loodgieter
umuntu osebenza ngamapayipi

postbode
indoda yaseposini

beroepen - imisebenzi

soldaat
isosha

architect
umdwebi wezakhiwo

kassier
umbali wemali

bloemist
umuntu otshala izimbali

kapper
umuntu owenza izinwele

conducteur
umqondisi wasesitimeleni

monteur
umakhenikha

kapitein
ukaputeni

tandarts
udokotela wamazinyo

wetenschapper
usosayensi

rabbi
urabi

imam
imam

monnik
indela

pastoor
umfundisi

beroepen - imisebenzi

# gereedschap
# amathuluzi

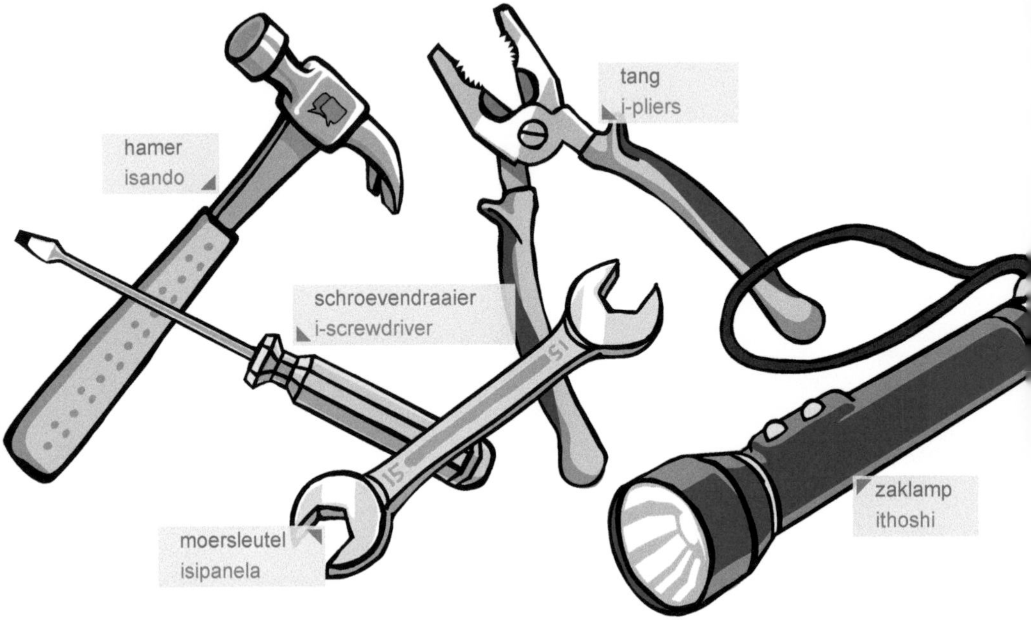

hamer
isando

tang
i-pliers

schroevendraaier
i-screwdriver

moersleutel
isipanela

zaklamp
ithoshi

graafmachine
umshini wokumba

gereedschapskist
ibhokisi lamathuluzi

ladder
isitebhisi

zaag
isaha

spijkers
izinzipho

boor
i-drill

repareren
lungisa

schep
ifosholo

Verdorie!
Damethi!

stofblik
idastipheni

verfpot
ithini likapende

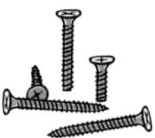

schroeven
i-screws

## muziekinstrumenten
## izinsimbi zomculo

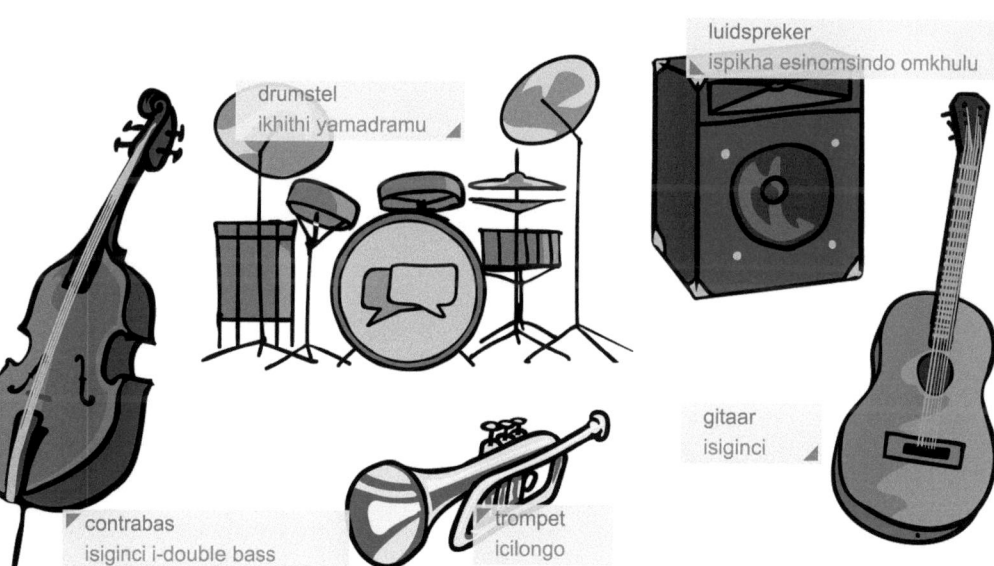

drumstel
ikhithi yamadramu

luidspreker
ispikha esinomsindo omkhulu

gitaar
isiginci

contrabas
isiginci i-double bass

trompet
icilongo

piano
ipiyano

viool
ivayolini

bas
i-bass

pauk
ithimpani

trommel
amadramu

keyboard
i-keyboard

saxofoon
i-saxophone

fluit
umtshingo

microfoon
imakhrofoni

muziekinstrumenten - izinsimbi zomculo

# dierentuin
# esiqiwini

- ingang / indawo yokungena
- tijger / ingwe
- kooi / ikheji
- zebra / idube
- dierenvoer / ukudla kwezilwane
- panda / iphanda

dieren
izilwane

olifant
indlovu

kangoeroe
ikhangaru

neushoorn
ubhejane

gorilla
igorila

beer
ibhele

kameel
ikamela

struisvogel
intshe

leeuw
ingonyama

aap
inkawu

flamingo
i-flamingo

papegaai
upholi

ijsbeer
ibhele laseqhweni

pinguïn
iphenguwini

haai
ushaka

pauw
ipigogo

slang
inyoka

krokodil
ingwenya

dierenverzorger
umgcini wezilwane

zeehond
isilwane saseqhweni

jaguar
ijaguwa

dierentuin - esiqiwini

pony
iponi

luipaard
ingwe

nijlpaard
imvubu

giraffe
indlulamithi

adelaar
ukhozi

wild zwijn
intibane

vis
inhlanzi

schildpad
ufudu

walrus
i-walrus

vos
ujakalase

gazelle
inyamazane igazele

dierentuin - esiqiwini

# sport
# imidlalo

| | | |
|---|---|---|
| voetbal | badminton | atletiek |
| ibhola lezinyawo | i-badminton | abasubathi |
| handbal | skiën | polo |
| ibhola lezandla | ukushushuluza | ipolo |

# activiteiten
# imisebenzi

springen - gxuma
lachen - hleka
knuffelen - haga
lopen - hamba
zingen - cula
bidden - thandaza
kussen - cabuza
dromen - phupha

schrijven
bhala

tekenen
dweba

tonen
bonisa

duwen
phusha

geven
nikeza

oppakken
thatha

activiteiten - imisebenzi

| | | |
|---|---|---|
|  |  |  |
| hebben / yiba | doen / yenza | zijn / yiba |
|  |  |  |
| staan / sukuma | rennen / gijima | trekken / donsa |
|  |  |  |
| gooien / phonsa | vallen / yiwa | liggen / amanga |
|  |  |  |
| wachten / linda | dragen / thwala | zitten / hlala |
|  |  |  |
| aankleden / gqoka | slapen / lala | wakker worden / vuka |

| | | |
|---|---|---|
|  |  |  |
| bekijken<br>bukela | huilen<br>khala | strelen<br>qhweba |
|  |  |  |
| kammen<br>kama | praten<br>khuluma | begrijpen<br>qonda |
|  |  |  |
| vragen<br>buza | horen<br>lalela | drinken<br>phuza |
|  |  |  |
| eten<br>idla | opruimen<br>coca | houden van<br>thanda |
|  |  |  |
| koken<br>pheka | rijden<br>shayela | vliegen<br>ndiza |

activiteiten - imisebenzi

zeilen
hamba ngomkhumbi

rekenen
bala

lezen
funda

leren
funda

werken
sebenza

trouwen
shada

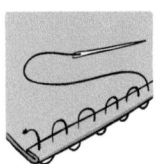
naaien
thunga

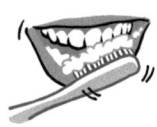
tandenpoetsen
geza amazinyo

doden
bulala

roken
bhema

verzenden
thumela

activiteiten - imisebenzi

# familie
## umndeni

- grootmoeder — ugogo
- grootvader — umkhulu
- vader — ubaba
- moeder — umama
- baby — ingane
- dochter — indodakazi
- zoon — indodana

gast
isivakashi

tante
u-anti

oom
umalume

broer
umfowethu

zus
udadewethu

# lichaam
## umzimba

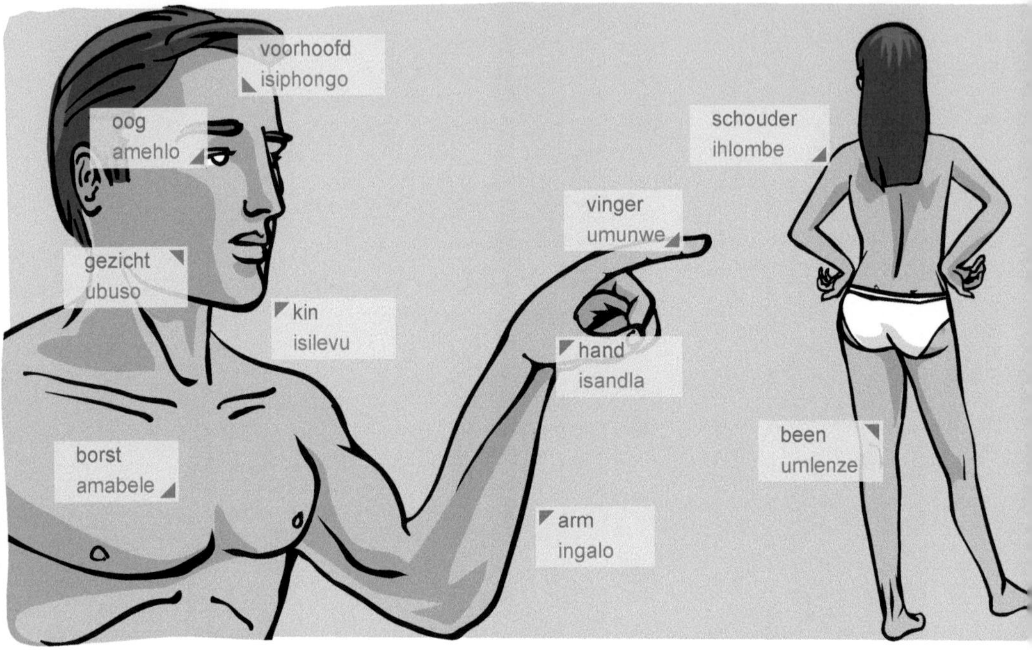

voorhoofd
isiphongo

oog
amehlo

schouder
ihlombe

vinger
umunwe

gezicht
ubuso

kin
isilevu

hand
isandla

borst
amabele

been
umlenze

arm
ingalo

baby
ingane

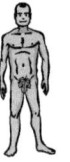

man
indoda

vrouw
owesifazane

meisje
intombazane

jongen
umfana

hoofd
ikhanda

lichaam - umzimba

| | | |
|---|---|---|
| 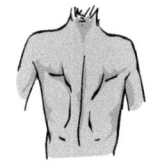 rug — umhlane | 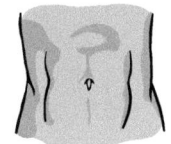 buik — isisu | 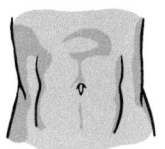 navel — inkaba |
| 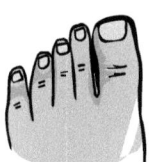 teen — izinzwane | 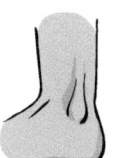 hiel — isithende | 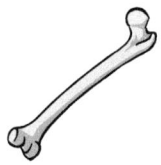 bot — ithambo |
| 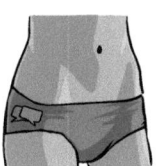 heup — inqulu | 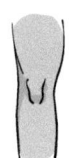 knie — idolo | 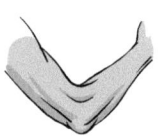 elleboog — indololwane |
|  neus — ikhala | 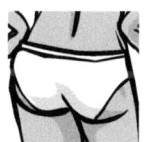 achterwerk — ingenzansi | 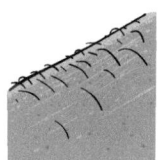 huid — isikhumba |
| 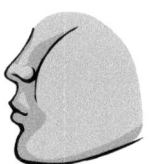 wang — iziqhomo | 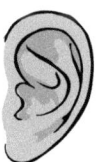 oor — indlebe |  lippen — udebe |

lichaam - umzimba

mond
umlomo

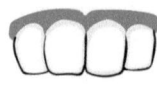
tand
amazinyo

tong
ulimu

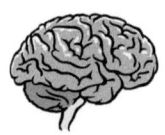
hersenen
ingqondo

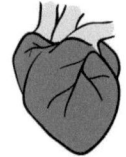
hart
inhliziyo

spier
imasela

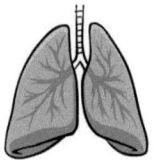
long
uphaphe

lever
isibindi

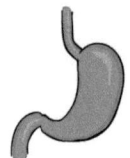
maag
isisu

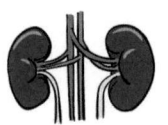
nieren
izinso

geslachtsgemeenschap
ucansi

condoom
ikhondomu

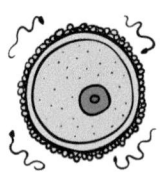
eicel
iqanda

sperma
isidoda

zwangerschap
ukukhulelwa

lichaam - umzimba

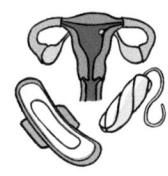
menstruatie
ukuya esikhathini

vagina
imomozi

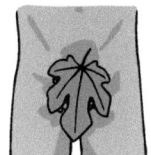
penis
umthondo

wenkbrauw
ishiya

haar
izinwele

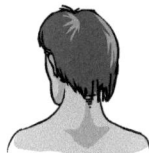
hals
intamo

lichaam - umzimba

# ziekenhuis
## isibhedlela

ziekenhuis
isibhedlela

ambulance
i-ambulensi

rolstoel
isitulo sabakhubazekile

fractuur
ukuphuka

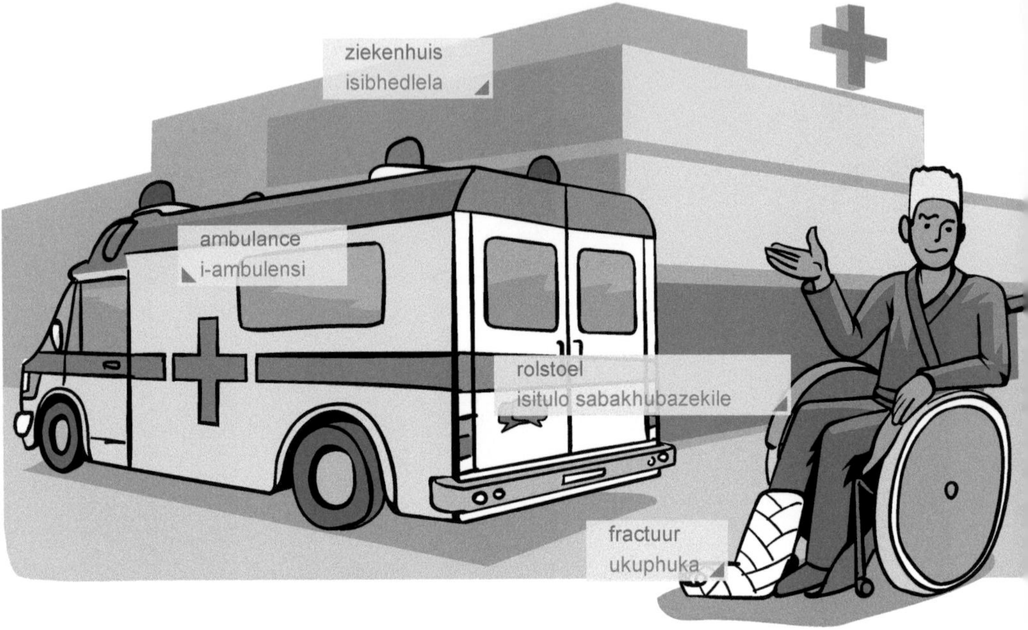

dokter
udokotela

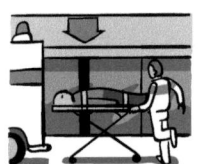

EHBO
igumbi leziguli ezidinga ukwelashwa okuphuthumayo

verpleegster
umhlengikazi

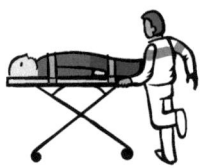

noodgeval
izimo eziphuthumayo

bewusteloos
ukuquleka

pijn
ubuhlungu

ziekenhuis - isibhedlela

verwonding
ukulimala

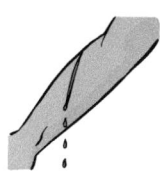

bloeding
ukopha

hartaanval
isifo senhliziyo

beroerte
ukushaywa unhlangothi

allergie
ukungazwani komzimba
nezinto ezithile

hoest
ukukhwehlela

koorts
imfiva

griep
umkhuhlane

diarree
ukuhuda

hoofdpijn
ukuphathwa ikhanda

kanker
umdlavuza

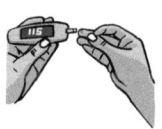

diabetes
isifo sikashukela

chirurg
udokotela ohlinzayo

scalpel
isikalpheli

operatie
ukuhlinzwa

ziekenhuis - isibhedlela

CT
CT

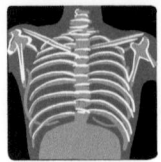
röntgen
i-x-ray

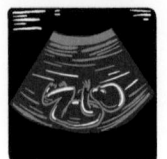
echografie
i-ultrasound

gezichtsmasker
imaskhi yasebusweni

ziekte
isifo

wachtkamer
igumbi lokulinda

kruk
izinduko zokuhamba

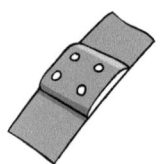
pleister
iplasta

verband
ibhandishi

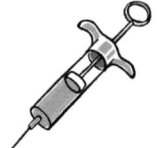
injectie
umjovo

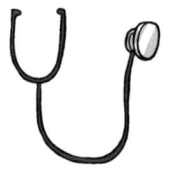
stethoscoop
izipopolo zikadokotela

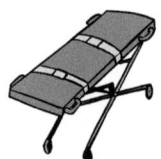
brancard
i-stretcher

thermometer
umshini okala izinga lokushisa

geboorte
ukubeletha

overgewicht
ukukhuluphala ngokweqile

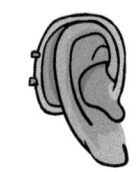
gehoorapparaat
insizwa yokuzwa

ontsmettingsmiddel
ukungatheleleki

infectie
ukutheleleka

virus
ivariyasi

HIV / AIDS
HIV / AIDS

medicijn
umuthi

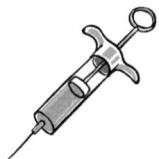
inenting
umgomo

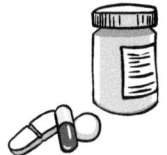
tabletten
amaphilisi

pil
amaphilisi

alarmnummer
ucingo oluphuthumayo

bloeddrukmeter
umshini okala umfutho wegazi

ziek / gezond
ukugula / ukuba umqemane

ziekenhuis - isibhedlela

# noodgeval
## izimo eziphuthumayo

Help!
Sizani!

alarm
i-alamu

overval
ukuhlasela

aanval
ukuhlasela

gevaar
ingozi

nooduitgang
indawo yokubalekela ngaphansi kwezimo eziphuthumayo

Brand!
Umlimo!

brandblusser
isicimamlilo

ongeluk
ingozi

EHBO-koffer
ikhithi yosizo lokuqala

SOS
SOS

politie
amaphoyisa

# aarde
# Umhlaba

Europa
Europe

Noord-Amerika
North America

Zuid-Amerika
South America

Afrika
Africa

Azië
Asia

Australië
Australia

Atlantische Oceaan
Atlantic

Stille Oceaan
Pacific

Indische Oceaan
Indian Ocean

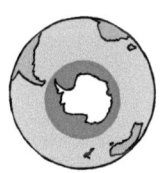
Zuidelijke Oceaan
Antarctic Ocean

Noordelijke IJszee
Arctic Ocean

Noordpool
North Pole

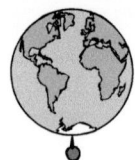  

| Zuidpool | Antarctica | aarde |
|---|---|---|
| South Pole | Antarctica | Umhlaba |

| land | zee | eiland |
|---|---|---|
| umhlaba | izilwandle | isiqhingi |

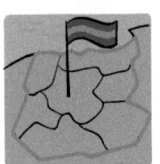 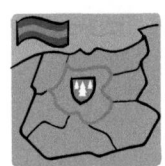

| natie | staat |
|---|---|
| izwe | inhlangano engokomthetho |

# klok
# iwashi

wijzerplaat
ubuso bewashi

uurwijzer
isandla sehora

minutenwijzer
isandla semizuzu

secondewijzer
isandla sesibili

Hoe laat is het?
Ubani isikhathi?

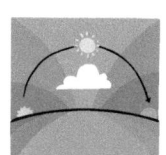

dag
usuku

tijd
isikhathi

nu
manje

digitaal horloge
iwashi lezibalo

minuut
umzuzu

uur
ihora

klok - iwashi

# week
# iviki

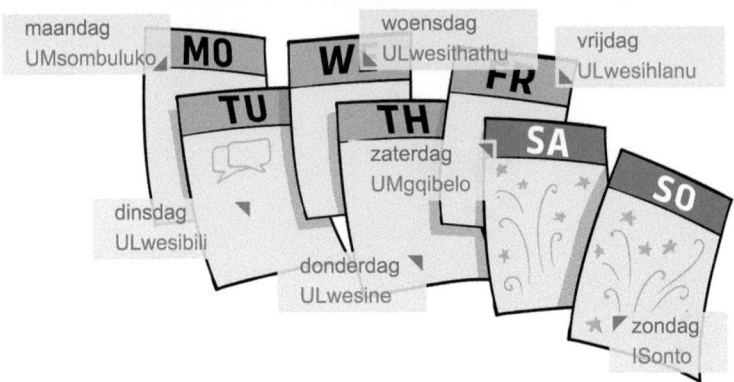

maandag — UMsombuluko
woensdag — ULwesithathu
vrijdag — ULwesihlanu
dinsdag — ULwesibili
donderdag — ULwesine
zaterdag — UMgqibelo
zondag — ISonto

gisteren
izolo

vandaag
namhlanje

morgen
kusasa

ochtend
ekuseni

middag
emini

avond
ntambama

werkdagen
izinsuku zeviki

weekend
impelasonto

# jaar
## unyaka

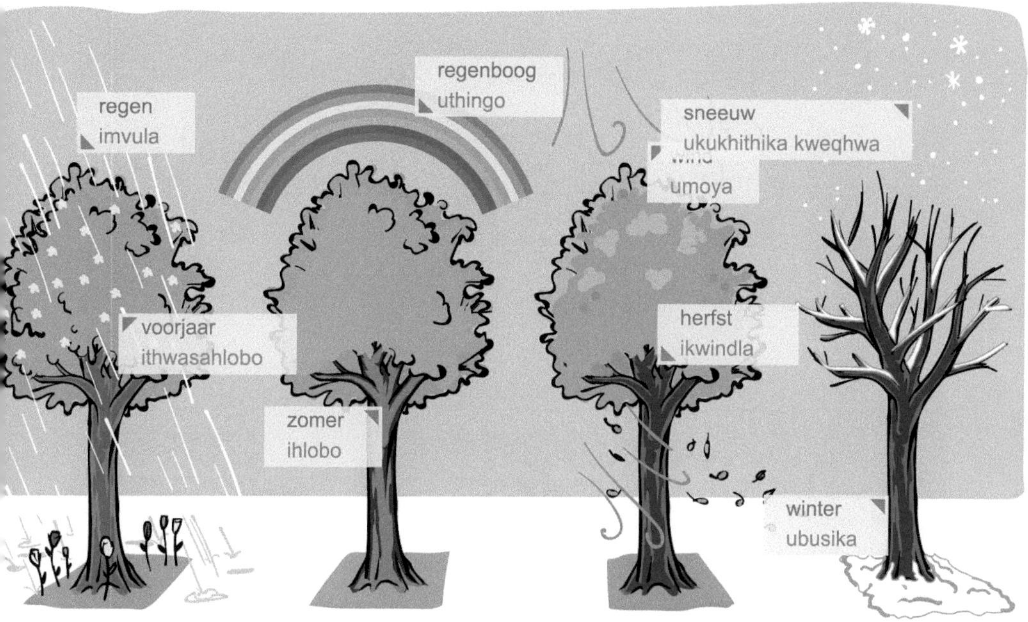

regen
imvula

regenboog
uthingo

sneeuw
ukukhithika kweqhwa

wind
umoya

voorjaar
ithwasahlobo

zomer
ihlobo

herfst
ikwindla

winter
ubusika

weerbericht
isimo sezulu

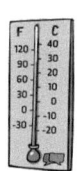

thermometer
umshini wezinga lokushisa

zonneschijn
ukushisa kwelanga

wolk
amafu

mist
inkungu

luchtvochtigheid
umswakama

jaar - unyaka

bliksem
ummbani

donder
ukuduma kwezulu

storm
isiphepho

hagel
isichotho

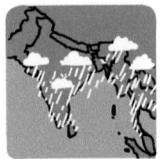
moesson
imvula enkulu

overstroming
izikhukhula

ijs
iqhwa

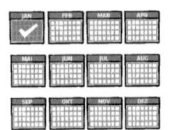
januari
UMasingana

februari
UNhlolanja

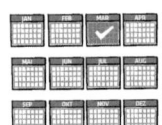
maart
UNdasa

april
UMbasa

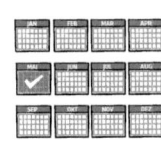
mei
UNhlaba

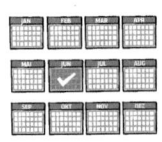
juni
UNhlangulana

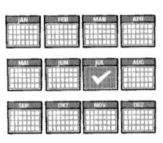
juli
UNtulikazi

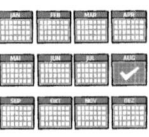
augustus
UNcwaba

jaar - unyaka

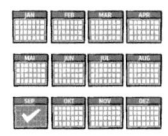
september
UMandulo

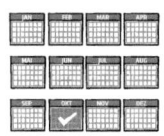
oktober
UMfumfu

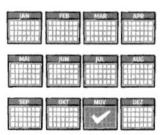
november
ULwezi

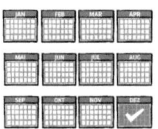
december
UZibandlela

## vormen
## amasheyphu

cirkel
indilinga

vierkant
isikwele

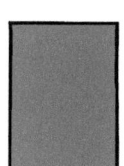
rechthoek
unxande

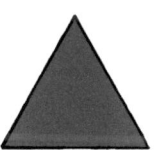
driehoek
unxantathu

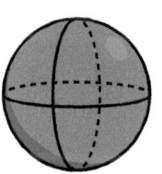
bol
i-sphere

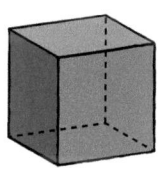
kubus
i-cube

vormen - amasheyphu 83

# kleuren
## imibala

wit
kumhlophe

geel
kuphuzi

oranje
ku-olenji

roze
kuphinki

rood
kumbomvu

paars
kuphephuli

blauw
kuluhlaza okwesibhakabhaka

groen
kuluhlaza

bruin
kubhrawuni

grijs
kuphashile

zwart
kumnyama

# tegenstellingen
# izinto ezingafani

veel / weinig
kakhulu / kancane

boos / rustig
ukucasuka / ubumnene

mooi / lelijk
ubuhle / ububi

begin / einde
isiqalo / isiphetho

groot / klein
kukhulu / kuncane

licht / donker
kuyakhanya / kumnyama

broer / zus
umfowethu / udadewethu

schoon / vies
ukuhlanzeka / ukungcola

volledig / onvolledig
ukuphelela / ukungapheleli

dag / nacht
imini / ubusuku

dood / levend
ukufa / ukuphila

breed / smal
ukuvuleka / ukunyinyeka

eetbaar / oneetbaar

okudliwayo / okungadliwa

gemeen / aardig

ukukhohlakala / umusa

opgewonden / verveeld

ukujabula / isithukuthezi

dik / dun

ukunona / ukuzaca

eerste / laatste

ukuqala / ukugcina

vriend / vijand

umngane / isitha

vol / leeg

ukugcwala / ukuphela

hard / zacht

ubunzima / ukuthamba

zwaar / licht

ukusinda / ukubalula

honger / dorst

ukulamba / ukoma

ziek / gezond

ukugula / ukuba umqemane

illegaal / legaal

ngokomthetho / okungekho emthethweni

intelligent / dom

ukuhlakanipha / isiphukuphuku

links / rechts

isinxele / esokudla

dichtbij / ver

eduze / kude

tegenstellingen - izinto ezingafani

nieuw / gebruikt
kusha / sekusebenzile

niets / iets
utho / okuthile

oud / jong
okudala / okusha

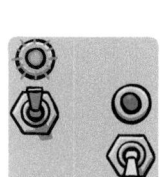

aan / uit
vuliwe / kucishiwe

open / gesloten
vula / vala

zacht / luid
kuthulekile / kunomsindo

rijk / arm
ukuceba / ubumpofu

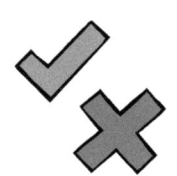

goed / fout
kulungile / akulungile

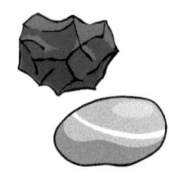

ruw / glad
kugadlazekile / kuyashelela

verdrietig / gelukkig
dabuka / jabula

kort / lang
kufishane / kude

langzaam / snel
kuyanensa / kuyashesha

nat / droog
ukuba manzi / ukoma

warm / koel
ukufudumala / ukuphola

oorlog / vrede
ukulwa / ukuthula

# getallen
## izinombolo

**0**
nul
uziro

**1**
één
kunye

**2**
twee
kubili

**3**
drie
kuthathu

**4**
vier
kune

**5**
vijf
kuhlanu

**6**
zes
isithupha

**7**
zeven
isikhombisa

**8**
acht
isishiyagalombili

**9**
negen
isishiyagalolunye

**10**
tien
ishumi

**11**
elf
ishumi nanye

**12**

twaalf

ishumi nambili

**13**

dertien

ishumi nantathu

**14**

veertien

ishumi nane

**15**

vijftien

ishumi nanhlanu

**16**

zestien

ishumi nesithupha

**17**

zeventien

ishumi nesikhombisa

**18**

achttien

ishumi nesishiyagalombili

**19**

negentien

ishumi nesishiyagalolunye

**20**

twintig

amashumi amabili

**100**

honderd

ikhulu

**1.000**

duizend

inkulungwane

**1.000.000**

miljoen

izigidi

# talen
## izilimi

Engels
isiNgisi

Amerikaans Engels
isiNgisi saseMelika

Chinees Mandarijn
isiMandarin saseShayina

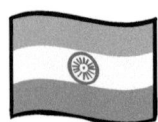

Hindi
isiHindi

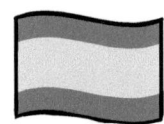

Spaans
iSpanishi

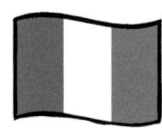

Frans
isiFulentshi

Arabisch
isi-Arabhu

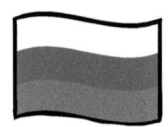

Russisch
isiRashiya

Portugees
isiPutukezi

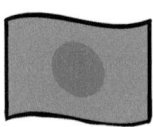

Bengalees
isiBengali

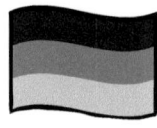

Duits
isiJalimane

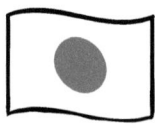

Japans
isiJapane

# wie / wat / hoe
## ubani / ini / kanjani

ik
Mina

jij
wena

hij / zij / het
u / u / ku

wij
thina

jullie
nina

zij
bona

wie?
ubani?

wat?
ini?

hoe?
kanjani?

waar?
kuphi?

wanneer?
nini?

naam
igama

# waar
## kuphi

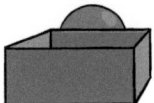

achter
ngemuva

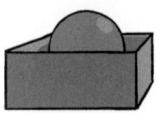

in
ngaphakathi

voor
phambi kwe

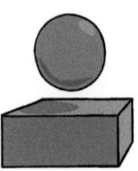

boven
phezulu

op
ngaphezulu

onder
ngaphansi

naast
eceleni

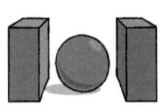

tussen
phakathi

plaats
indawo

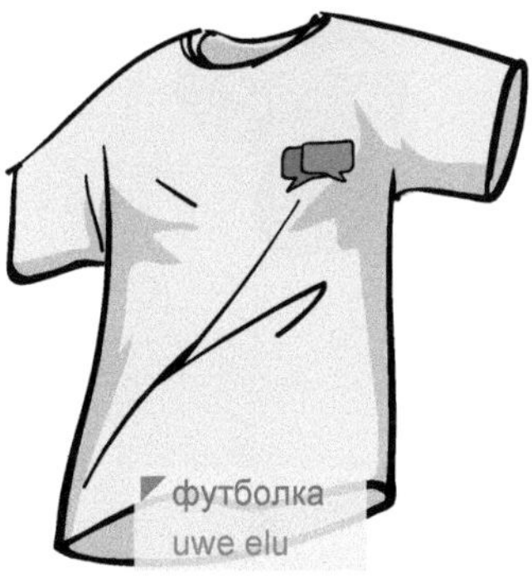

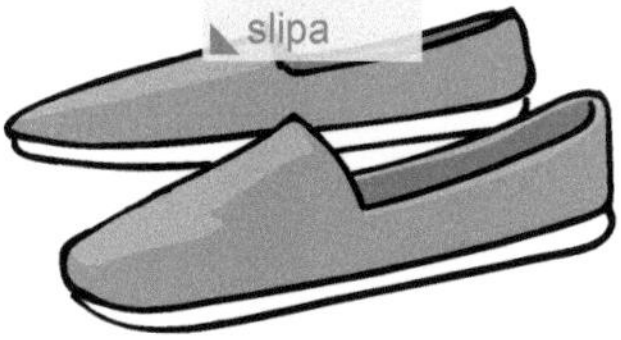

шарф
ichafu

зонтик
nche anwụ

футболка
uwe elu

ремень
eriri ukwu

сапоги
akpụkpọ ụkwụ

тапки
slipa

кроссовки
akpụkpọ ụkwụ njem

сандалии
akpụkpọ ụkwụ

ботинки
akpụkpọ ụkwụ

резиновые сапоги
akpụkpọ ụkwụ roba

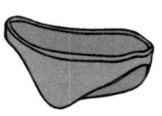

трусы
uwe ime ahu

бюстгальтер
efe ara

майка
uwe na enweghi aka

одежда - uwe

боди
ahụ

брюки
trauza

джинсы
trauza siri ike

юбка
sket

блузка
uwe elu nwanyị

рубашка
uwe elu

свитер
akwa njuoyi eji isi eyi

свитер
uwe njuoyi

спортивная куртка
jakeeti

жакет
jakeeti

пальто
ochu oyi uwe elu

плащ
akwa mmiri

костюм
ekike

платье
uwe ogologo

свадебное платье
uwe agbamakwụkwọ

| мужской костюм | ночная сорочка | пижама |
|---|---|---|
| uwe suutu | uwe abali̩ | pajamas |

| сари | платок | тюрбан |
|---|---|---|
| uwe umunwanyi Indian | mkpuchi isi | okpu |

| паранджа | кафтан | абайя |
|---|---|---|
| akwa mkpuchi ihu | uwe ogologo nwanyi | abaya |

| купальник | плавки | шорты |
|---|---|---|
| akwa mmiri | uwe eji egwu mmiri | ni̩ika |

| спортивный костюм | фартук | перчатки |
|---|---|---|
| uwe mmega ahụ | uwe nchekwa | uwe aka |

одежда - uwe

пуговица

boṭinụ

очки

ugegbe anya

браслет

mgbaaka

цепочка

eriri olu

кольцо

mgbanaka

серьга

ola nti

шапка

okpu

вешалка

ihe nkowe uwe elu

шляпа

okpu

галстук

tai

застежка молния

nzichi

шлем

okpu agha

подтяжки

ihe njide eze

школьная форма

uwe ụlọ akwụkwọ

форма

mbonotu

одежда - uwe

детский нагрудник
ọghọ nri nwa

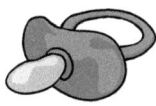
соска
ihe oyiri mmadu eji egosi akwa

подгузник
akwa nwanye nwa

# офис
# ụlọ ọrụ

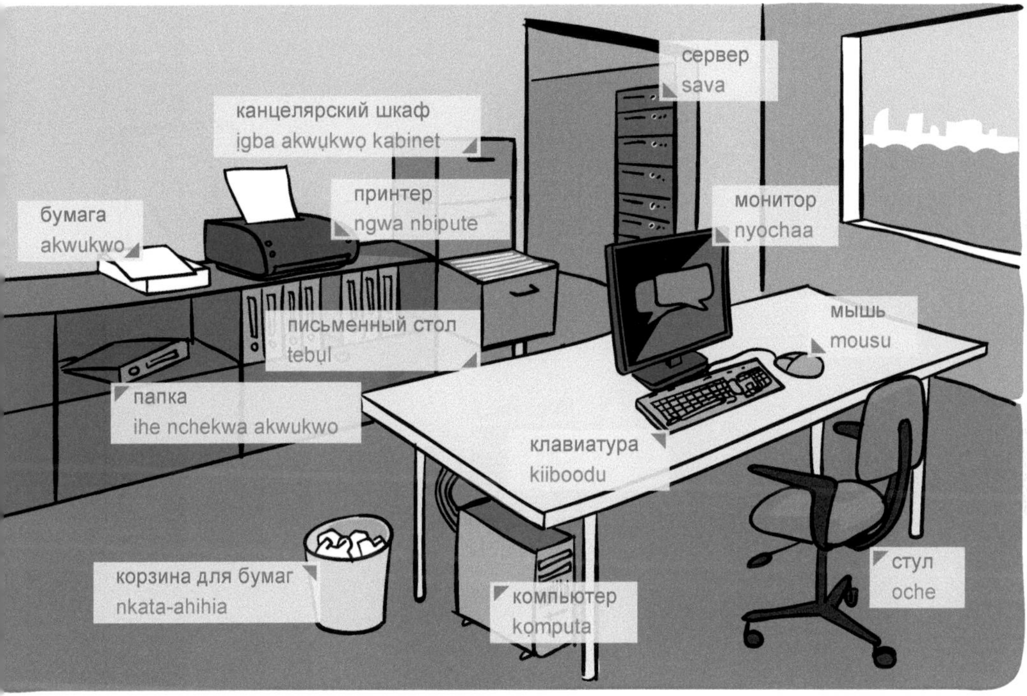

- сервер — sava
- канцелярский шкаф — igba akwụkwọ kabinet
- монитор — nyochaa
- бумага — akwukwo
- принтер — ngwa nbipute
- мышь — mousu
- письменный стол — tebụl
- папка — ihe nchekwa akwukwo
- клавиатура — kiiboodu
- стул — oche
- корзина для бумаг — nkata-ahihia
- компьютер — komputa

кофейная кружка
iko kọfị

калькулятор
igwe mgbakọ

интернет
ịntanetị

ноутбук

laptoopu

письмо

leta

сообщение

ozi

мобильный телефон

mkpanaka

сеть

netwọk

ксерокс

ihe mbiputa

программа

ngwanrọ

телефон

ekwentị

розетка

ebe nkwụnye

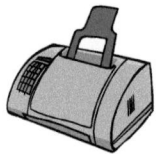

факс

igwe fax

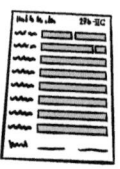

формуляр

ụdị

документ

akwụkwọ

# экономика
## akụnụba

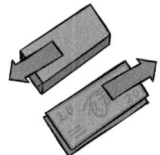

покупать

zụta

платить

kwuo ugwo

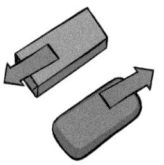

торговать

ahia

деньги

ego

доллар

ego ndi Amerika

евро

ego ndi Eruopu

иена

ego ndi japanizi

рубль

ego ndi Rusian

франк

Switzerland franc

жэньминьби юань

renminbi yuan

рупия

ego ndi Indian

банкомат

ebe akwụmụgwọ

пункт обмена валюты
ebe mgbanwe ego

золото
ọla edo

серебро
ọlaọcha

нефть
mmanụ

энергия
ume

цена
ọnụahịa

договор
nkwekọrịta

налог
ụtụ

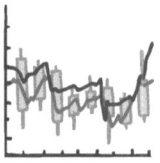

акция
ngwaahịa

работать
ọrụ

служащий
onye ọrụ

работодатель
onye were gị n'ọrụ

фабрика
ụlọ ọrụ mmepụta ngwaahịa

магазин
ụlọ ahịa

52    экономика - akụnụba

# профессии
# aka ọrụ

милиционер
onye uwe ojii

пожарный
onye mmenyu oku

повар
esi nri

врач
dibia bekee

пилот
ọkwọ ụgbọelu

садовник
onye na-elekọta ubi

столяр
ọkwa nkà

швея
akwa nwanyị

судья
ọka ikpe

химик
kemist

актёр
onye ome ihe nkiri

водитель автобуса
ọkwọ ụgbọ ala

таксист
ọkwọ ụgbọ ala

рыбак
onye ọkụ azụ

уборщица
nwanyị nhicha

кровельщик
roofer

официант
onye na-ebu nri

охотник
dinta

художник
onye na-ese ihe

пекарь
onye osi ite

электрик
onye ndozi ọkụ eletrik

строитель
onye na-ewu ụlọ

инженер
njinia

мясник
onye na-egbu anụ

сантехник
plọmba

почтальон
onye ozi

профессии - aka ọrụ

солдат
onye agha

архитектор
onye na-ese ụkpụrụ ụlọ

кассир
onye okwu ugwo

флорист
ore fulawa

парикмахер
onye na-edozi ntutu isi

кондуктор
kondokto

механик
onye n'aruzi ụgbọala

капитан
onyeisi

зубной врач
dibia bekee eze

ученый
ọkà mmụta sayensị

раввин
rabaị

имам
imam

монах
mọnk

священник
ụkọchukwu

профессии - aka ọrụ

# инструменты
## ngwaọrụ

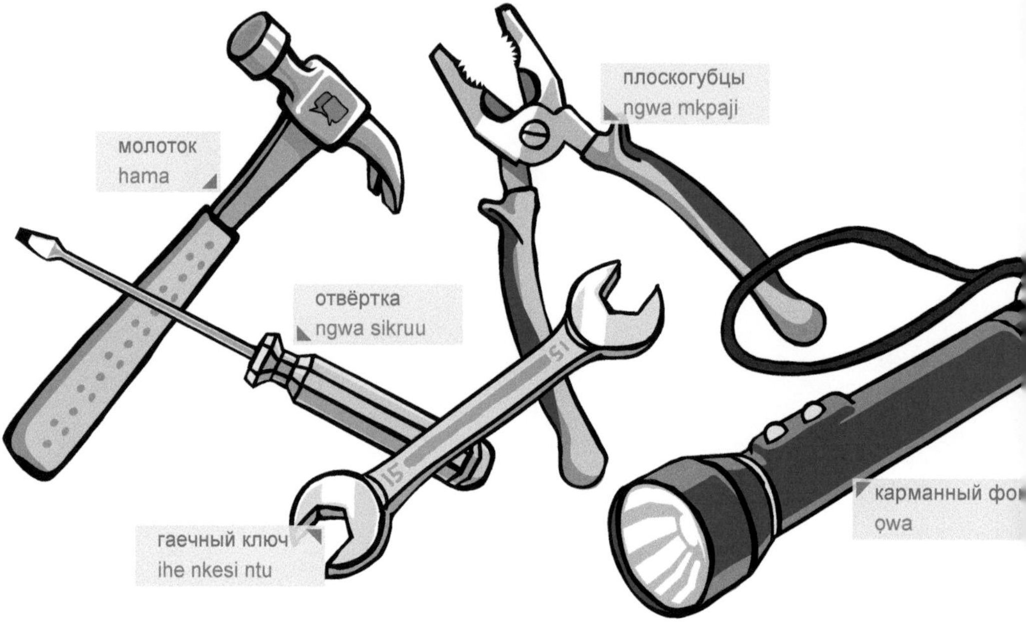

молоток
hama

плоскогубцы
ngwa mkpaji

отвёртка
ngwa sikruu

гаечный ключ
ihe nkesi ntu

карманный фо[нарь]
ọwa

экскаватор

igwu ala

ящик для инструментов

igbe ngwaọrụ

стремянка

ubube

пила

nkwọ

гвозди

mbọ

дрель

igwe mkpọru

ремонтировать
mezie

лопата
ihe eji egwu ala

Блин!
Ụchụ!

совок
efere ájá

ведро с краской
ite agba

винты
ntu

## музыкальные инструменты
## ngwa egwu

ударный инструмент
ihe eji eme ihe

громкоговоритель
nkwuputa ụda

гитара
jita

контрабас
okpukpu abụọ

труба
opi

| | | |
|---|---|---|
|  |  |  |
| пианино | скрипка | бас-гитара |
| kiiboodu | violin | bass |
|  |  |  |
| литавры | барабан | синтезатор |
| timpani | igba | kiiboodu |
|  |  |  |
| саксофон | флейта | микрофон |
| sasofone | ojà | igwe okwu |

# зоопарк
# zuu

- вход / uzo mbata
- тигр / agu
- клетка / ọnụ
- зебра / ịnyịnya ọhịa
- корм / nri anụmanụ
- панда / panda

животные

anụmanụ

слон

enyi

кенгуру

kangaruu

носорог

rhino

горилла

ozodimgba

медведь

anụ ọhịa

зоопарк - zuu

верблюд
kamel

страус
enyí nnụnụ

лев
ọdụm

обезьяна
enwe

фламинго
flamingo

попугай
icheku

белый медведь
anụ ọhịa

пингвин
nnunu mmiri

акула
akụm

павлин
ekwuru ụlọ

змея
agwo

крокодил
agụ iyi

служитель зоопарка
onye na-elekọta zuu

тюлень
mechie

ягуар
agu

зоопарк - zuu

пони
inyinya

леопард
agụ owuru

бегемот
anụ ọhịa

жираф
girraaf

орёл
ugo

кабан
ezi ọhịa

рыба
azụ

черепаха
mbe

морж
anụ mmiri

лиса
nkịta ọhịa

газель
mgbada

зоопарк - zuu

# спорт
# egwuregwu

# действия
# ihe omume

прыгать — malie elu
смеяться — chia ochi
обнимать — mmaku
идти — jee ije
петь — buo
молиться — kpee ekpere
целовать — isusu onu
мечтать — nro

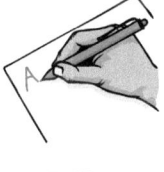

писать
dee

рисовать
see

показывать
gosi

нажимать
kwaa

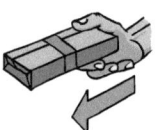

давать
nye

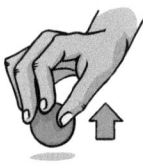

брать
nara

действия - ihe omume

иметь
nwee

делать
mee

быть
ịbụ

стоять
guzoro

бежать
gbaa ọsọ

тянуть
dọọ

бросать
tufuo

падать
daa

лежать
ụgha

ждать
chere

носить
buru

сидеть
nọdụ ala

надевать
yi uwe

спать
hie ụra

просыпаться
kulie

действия - ihe omume

рассматривать
lee anya

плакать
tie mkpu

гладить
oria strok

причесывать
mbo

говорить
kwuo

понимать
ighọta

спрашивать
juọ

слушать
gee ntị

пить
ihe ọṅụṅụ

кушать
rie

наводить порядок
dozie

любить
ịhụnanya

готовить
isi nri

ехать
kwọọ

летать
ofufe

ходить под парусом
ụgbọ

считать
gbakọọ

читать
gụọ

учиться
na-amụta

работать
ọrụ

вступать в брак
lụọ

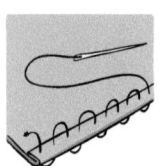

шить
idu

чистить зубы
ahịhịa ezé

убивать
gbue

курить
anwụrụ ọkụ

отправлять
zipu

действия - ihe omume

# семья
# ezinụlọ

бабушка
nne nne

дедушка
nna nna

папа
nna

мама
nne

младенец
nwa

дочь
nwa nwanyị

сын
nwa nwoke

гость
ọbịa

тетя
nwanne nne/nna

дядя
nwanne nna/nne

брат
nwanne

сестра
nwanne

# тело
# ahụ

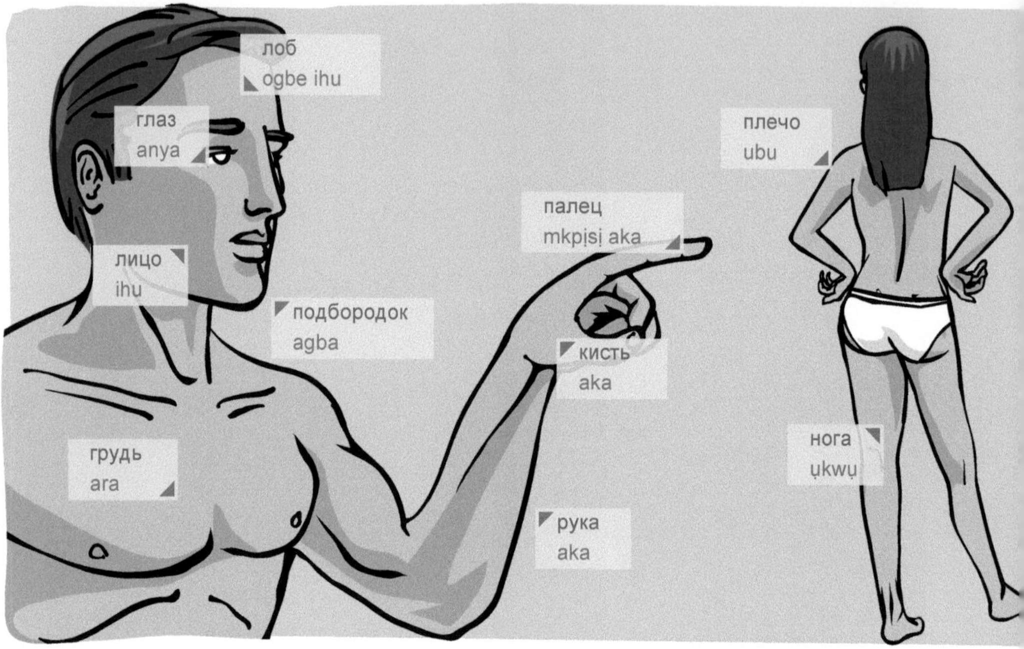

- лоб — ogbe ihu
- глаз — anya
- лицо — ihu
- подбородок — agba
- грудь — ara
- палец — mkpịsị aka
- кисть — aka
- рука — aka
- плечо — ubu
- нога — ụkwụ

младенец
nwa

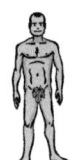

мужчина
nwoke

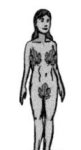

женщина
nwanyị

девочка
nwa nwanyị

мальчик
nwa nwoke

голова
isị

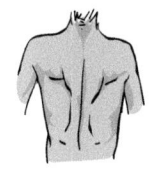

спина
azu

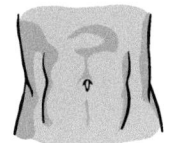

живот
afọ

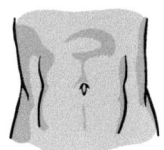

пупок
otubo

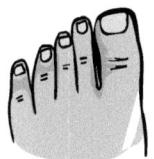

палец ноги
mkpisi ukwu

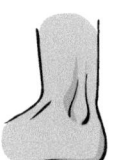

пятка
ikiri ụkwụ

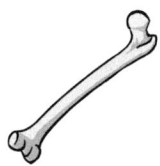

кость
ọkpụkpụ

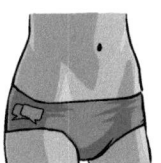

бедро
ukwu

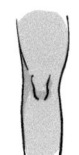

колено
ikpere

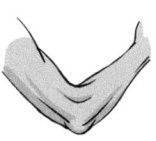

локоть
ikpere aka

нос
imi

ягодицы
ike

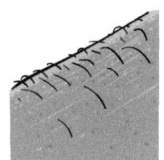

кожа
akpụ kpọ ahụ

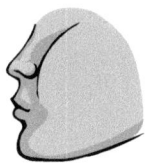

щека
nti

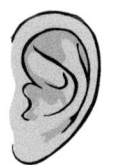

ухо
ntị

губа
egbugbere ọnụ

тело - ahụ

рот
ọnụ

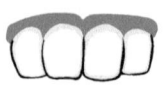

зуб
eze

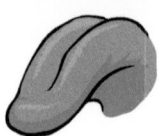

язык
ire

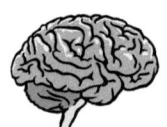

мозг
ụbụrụ

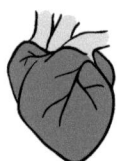

сердце
mkpụrụ obi

мышца
akwara

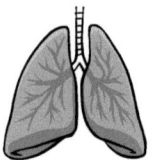

лёгкое
akpa ume

печень
umeji

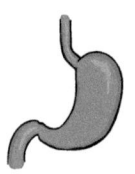

желудок
afọ

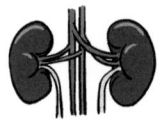

почки
akụrụ

половой акт
mmekọahụ

презерватив
kondom

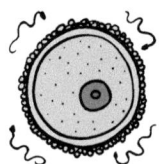

яйцеклетка
akwa nwanyị

сперма
ọbara ọcha

беременность
afọ ime

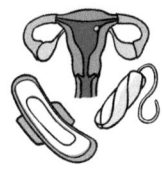  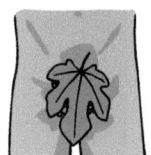

| менструация | вагина | пенис |
| --- | --- | --- |
| nsọ nwanyị | ọtụ | amụ |

  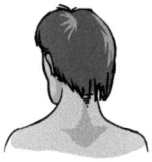

| бровь | волосы | шея |
| --- | --- | --- |
| nku anya | ntutu | olu |

# больница
# ụlọ ọgwụ

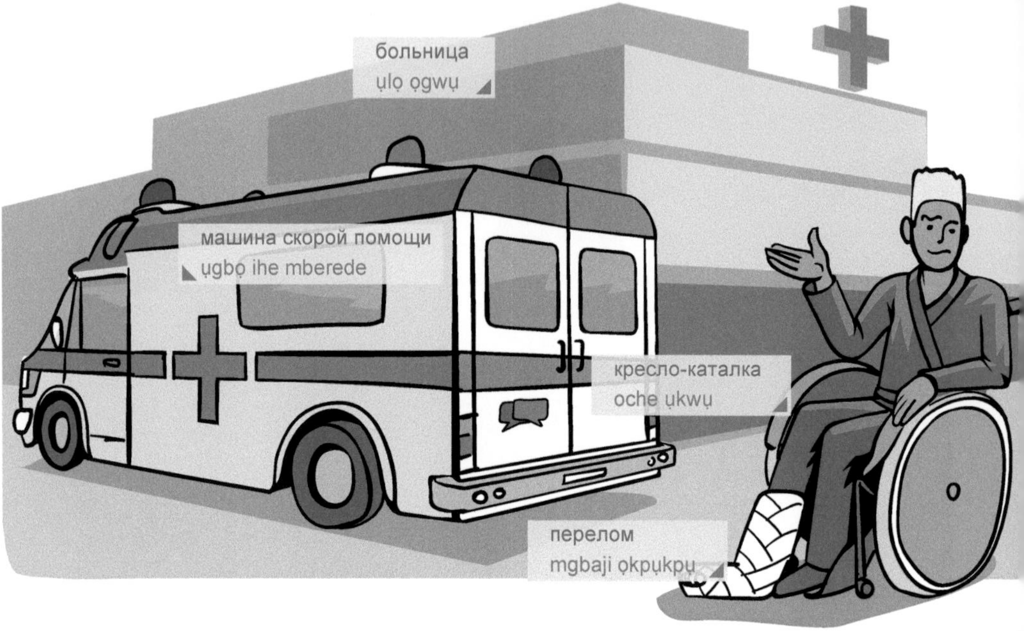

- больница / ụlọ ọgwụ
- машина скорой помощи / ụgbọ ihe mberede
- кресло-каталка / oche ụkwụ
- перелом / mgbaji ọkpụkpụ

врач

dibia bekee

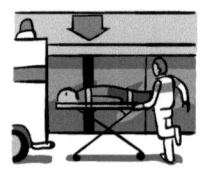

пункт первой помощи

ụlọ mberede

медсестра

noọsụ

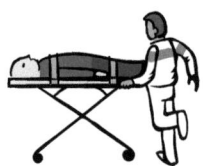

неотложный случай

mberede

без сознания

amaghị ihe ọ bụla

боль

ụfụ

72  больница - ụlọ ọgwụ

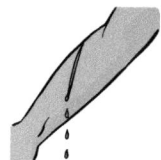

повреждение — mmerụ ahụ

кровотечение — agba ọbara

инфаркт — obi nkolopu

инсульт — ọria strok

аллергия — nke ahu anataghi

кашель — ụkwara

повышенная температура — ahụ ọkụ

грипп — ọria flu

понос — afọ ọsisa

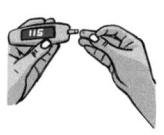

головная боль — isi ọwụwa

рак — kansa

диабет — ọria shuga

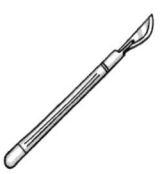

хирург — dọkịta na-awa ahu

скальпель — mma eji awa ahụ

операция — ịwa ahụ

больница — ụlọ ọgwụ

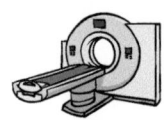
КТ
CT

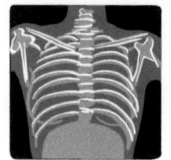
рентген
x-ree

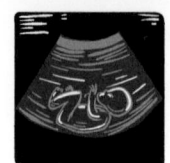
ультразвук
nyocha ime ahu

маска
nkpuchi ihu

болезнь
ọrịa

приёмная
ebe nchekwa

костыль
mkpara

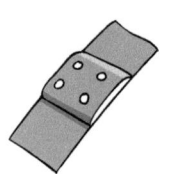
пластырь
nnyachi

бинт
bandeeji

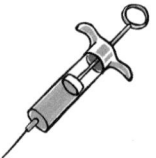
укол
ọgwụ ọgbugba

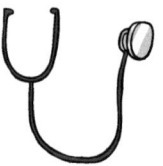
стетоскоп
stetoskop

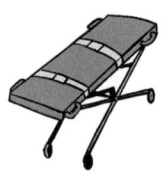
носилки
Igwe eji ibu mmadu

термометр
temometa ụlọgwụ

рождение
omumu

избыточный вес
ibufe oke ibu

больница - ụlọ ọgwụ

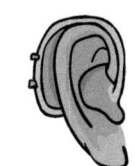

слуховой аппарат
enyemaka ịnụ ihe

дезинфекционное средство
mmiri ogwu nje

инфекция
ọria nje

вирус
nje

ВИЧ / СПИД
Ọria HIV/AIDS

лекарство
ọgwụ

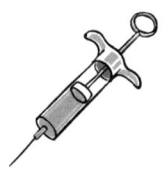

прививка
ịgba ọgwụ mgbochi ọria

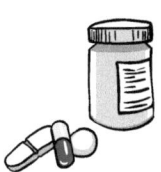

таблетки
mkpụrụ ọgwụ

противозачаточная таблетка
mkpụrụ ọgwụ

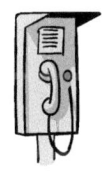

экстренный вызов
oku mberede

прибор для измерения кровяного давления
nyochaa ọbara mgbali

больной / здоровый
na-aria ọria / ahụike

больница - ụlọ ọgwụ

# неотложный случай
## mberede

| | | |
|---|---|---|
| Помогите!<br>Nyerem aka! | <br>сигнал тревоги<br>oti mkpu | <br>нападение<br>wakpo |
| <br>атака<br>ọgụ | <br>опасность<br>ihe egwu | <br>запасной выход<br>ụzọ ọpụpụ mberede |
| <br>Пожар!<br>Ọkụ! | <br>огнетушитель<br>mmenyu ọkụ | <br>несчастный случай<br>oghọm |
| 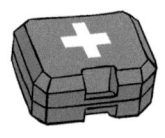<br>аптечка<br>akpa enyemaka mbụ | <br>SOS<br>SOS | <br>милиция<br>ndị uwe ojii |

# земля
# Ụwa

Европа

Europe

Северная Америка

North Amerika

Южная Америка

South Amerika

Африка

Africa

Азия

Eshia

Австралия

Ọstrelia

Атлантический океан

Atlantic

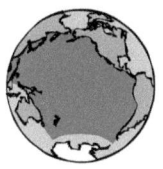

Тихий океан

Pasifik

Индийский океан

Oke Osimiri Indian

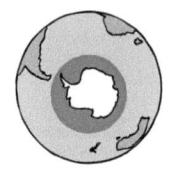

Антарктический океан

Oke Osimiri Antarctic

Северный Ледовитый океан

Oke Osimiri Arctic

Северный полюс

Ebe Ugwu

Южный полюс | Антарктика | земля
Ebe Ọdịda anyanwu | Antarctica | Ụwa

  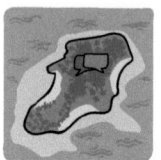

суша | море | остров
ala | oké osimiri | agwaetiti

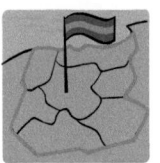 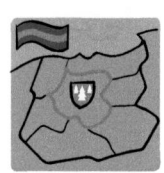

нация | государство
mba | steeti

# часы

## elekere

циферблат
ihu elekere

часовая стрелка
aka awa

минутная стрелка
aka nkeji

секундная стрелка
ihe ejigoro

Который час?
Kedu ihe na-akụ?

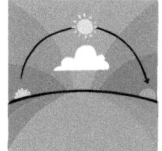
день
ụbọchị

время
oge

сейчас
ugbu a

электронные часы
elekere dijitalụ

минута
nkeji

час
awa

# неделя
# izu

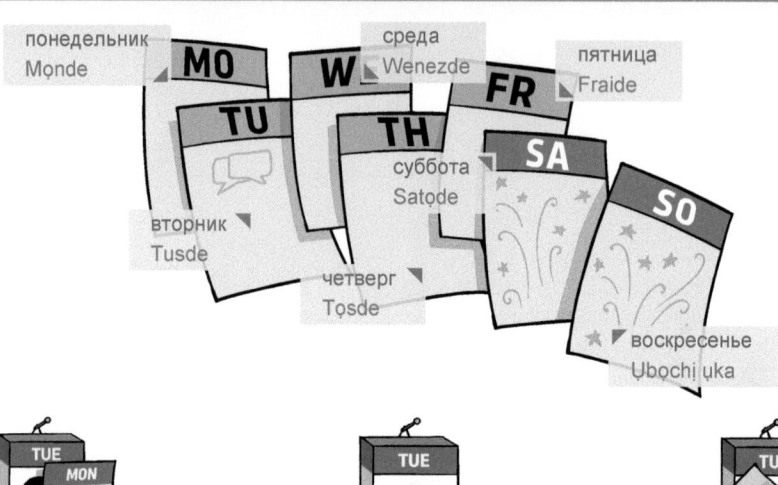

понедельник — Monde
среда — Wenezde
пятница — Fraide
вторник — Tusde
суббота — Satode
четверг — Tosde
воскресенье — Ubochi uka

вчера
unyaahu

сегодня
taa

завтра
echi

утро
ututu

полдень
ehihie

вечер
mgbede

рабочие дни
ubochi azumahia

выходные
izu uka

# год

# afọ

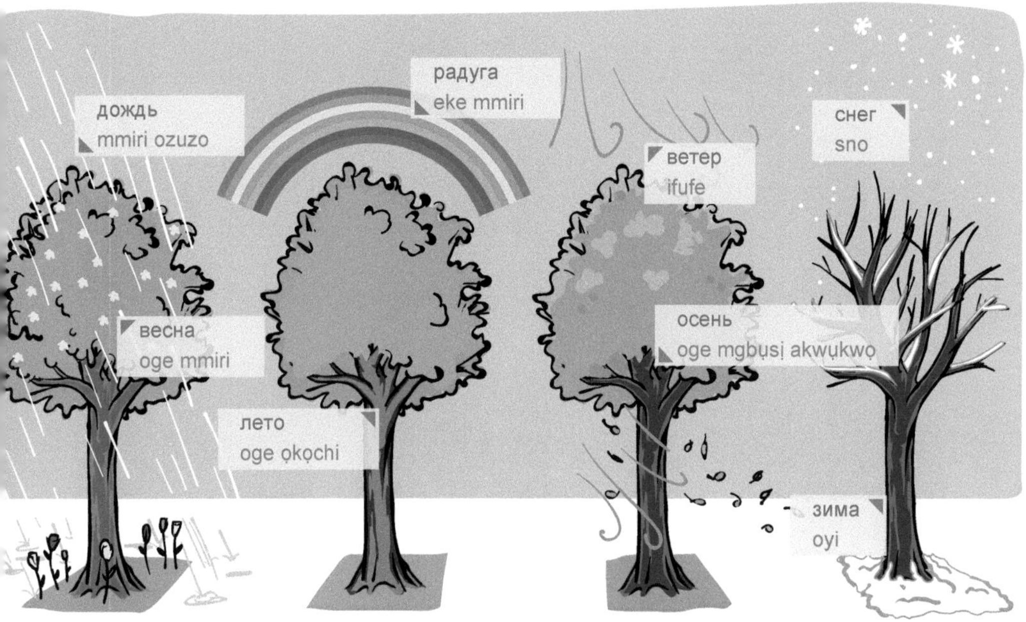

дождь
mmiri ozuzo
радуга
eke mmiri
снег
sno
ветер
ifufe
весна
oge mmiri
осень
oge mgbụsị akwụkwọ
лето
oge ọkọchi
зима
oyi


4.APRIL 11°
5.APRIL 4°
6.APRIL 13°
7.APRIL 8°
8.APRIL 10°


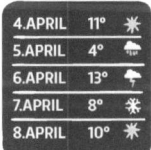

прогноз погоды

amụma ihu igwe

F
C
120
90
60
30
0
-30
40
30
20
10
0
-10
-20


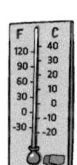

термометр

temometa

солнечный свет

anwụ

туча

igwe ojii

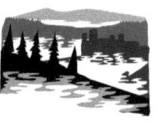

туман

foogu

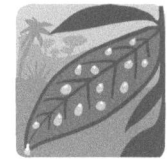

влажность воздуха

iru mmiri

молния

àmụmà

гром

égbè eluigwe

буря

oké mmiri ozuzo

град

aki mmiri

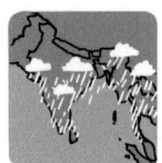

муссон

udu mmiri

наводнение

ide mmiri

лёд

aiz

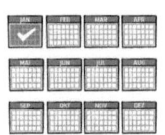

январь

Jenụwarị

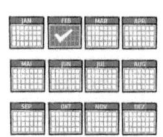

февраль

Febụwarị

март

Machị

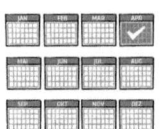

апрель

Eprel

май

Mee

июнь

June

июль

Julai

август

Ọgọst

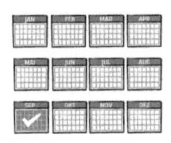
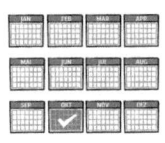

сентябрь
Septemba

октябрь
Oktọba

ноябрь
Novemba

декабрь
Disemba

## формы
## ụdị

круг
okirikiri

квадрат
akuku anọ

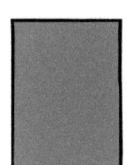

прямоугольник
rektangulu

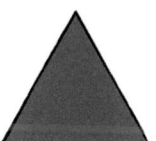

треугольник
akuku atọ

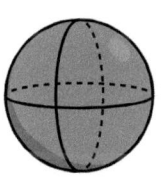

шар
okirikiri

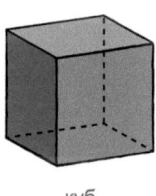

куб
igbe

# цвета
## na agba

белый
acha ọcha

желтый
acha edo edo

оранжевый
acha oroma

розовый
acha pink

красный
acha uhie uhie

лиловый
acha odo odo

синий
acha anụnụ anụnụ

зелёный
acha akwụkwọ ndụ

коричневый
acha aja aja

серый
acha isi awọ

черный
eji oji

# противоположности
# mmegide

много / мало  
otutu / ntakịrị

яростный / мирный  
iwe / juu

красивый / уродливый  
mara mma / jọrọ njọ

начало / конец  
mbido / njedebe

большой / маленький  
nnukwu / obere

светлый / темный  
na-enwu / ọchịchịrị

брат / сестра  
nwanne nwoke / nwanne nwanyị

чистый / грязный  
dị ọcha / unyi

полный / неполный  
mezue / ezughi ezu

день / ночь  
ụbọchị / abalị

мёртвый / живой  
nwụrụ anwụ / dị ndụ

широкий / узкий  
obosara / warara

съедобный / несъедобный
oriri / erighị

злой / дружелюбный
ojoọ / obioma

взволнованный / скучающий
obi ụtọ / nkịtị gwụrụ

толстый / худой
abụba / mkpa

сначала / в конце
mbụ / ikpeazụ

друг / враг
enyị / iro

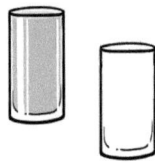  

полный / пустой
juru eju / efu

твёрдый / мягкий
ike / adụ

тяжёлый / лёгкий
arọ / mfe

голод / жажда
agụụ / akpịrị ịkpọ nkụ

больной / здоровый
na-arịa ọrịa / ahụike

незаконный / законный
n'uzo na ezighi ezi / iwu

умный / глупый
onye nwere ọgụgụ isi / onye nzuzu

слева / справа
aka ekpe / aka nri

близко / далеко
dị nso / tere anya

новый / подержанный
ọhụrụ / jiri

ничто / нечто
enweghi ihe / enwere ihe

старый / молодой
agadi / nwata

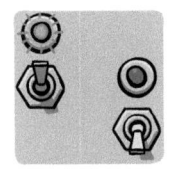

включено / выключено
gbanye / gbanyụọ

открыто / закрыто
mepe / mechie

тихо / громко
jụụ / dara ụda

богатый / бедный
ọgaranya / ogbenye

правильный / неправильный
ziei ezi / ezighi ezi

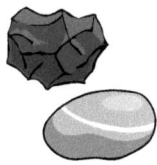

шероховатый / гладкий
siri ike / larịị

печальный / счастливый
mwute / obi ụtọ

короткий / длинный
mkpụmkpụ / ogologo

медленный / быстрый
nwayọọ / ngwa ngwa

мокрый / сухой
dị mmiri / kpọrọ nku

тёплый / прохладный
na-ekpo ọkụ / dị jụụ

война / мир
agha / udo

противоположности - mmegide

# цифры
# nọmba

**0** ноль — efu

**1** один — otu

**2** два — abụọ

**3** три — atọ

**4** четыре — anọ

**5** пять — ise

**6** шесть — isii

**7** семь — asaa

**8** восемь — asatọ

**9** девять — itolu

**10** десять — iri

**11** одиннадцать — iri na otu

## 12
двенадцать
iri na abụo

## 13
тринадцать
iri na atọ

## 14
четырнадцать
iri na anọ

## 15
пятнадцать
iri na ise

## 16
шестнадцать
iri na isii

## 17
семнадцать
iri na asaa

## 18
восемнадцать
iri na asatọ

## 19
девятнадцать
iri na itoolu

## 20
двадцать
iri abụo

## 100
сто
narị

## 1.000
тысяча
puku

## 1.000.000
миллион
nde

цифры - nọmba

# ЯЗЫКИ
## asụsụ

английский

Bekee

американский английский

Asụsụ Bekee

мандаринский китайский

Asụsụ ndị China

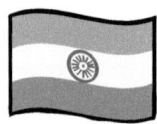

хинди

Asụsụ ndị Hindi

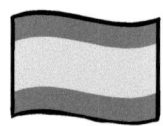

испанский

Asụsụ ndị Spain

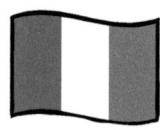

французский

Asụsụ ndị France

арабский

Asụsụ ndị Arab

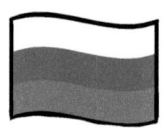

русский

Asụsụ ndị Russia

португальский

Asụsụ ndị Portugal

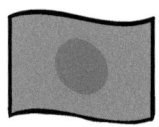

бенгальский

Asụsụ ndị Bengal

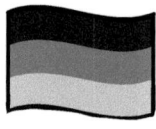

немецкий

Asụsụ ndị German

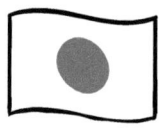

японский

Asụsụ ndị Japan

# кто / что / как
# onye / ihe / olee

я
M

ты
gị

он / она / оно
ya / ya / ya

мы
anyị

вы
gị

они
ha

кто?
onye?

что?
gịnị?

как?
kedu?

где?
ebe?

когда?
mgbe ole?

имя
aha

# где
# ebee

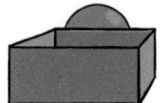

за
n'azụ

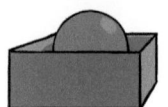

в
n'ime

перед
n'ihu

над
gafee

на
na

под
n'okpuru

рядом
n'akụkụ

между
n'etiti

место
ebe